COUVERTURE SUPÉRIEURE ET INFÉRIEURE
EN COULEUR

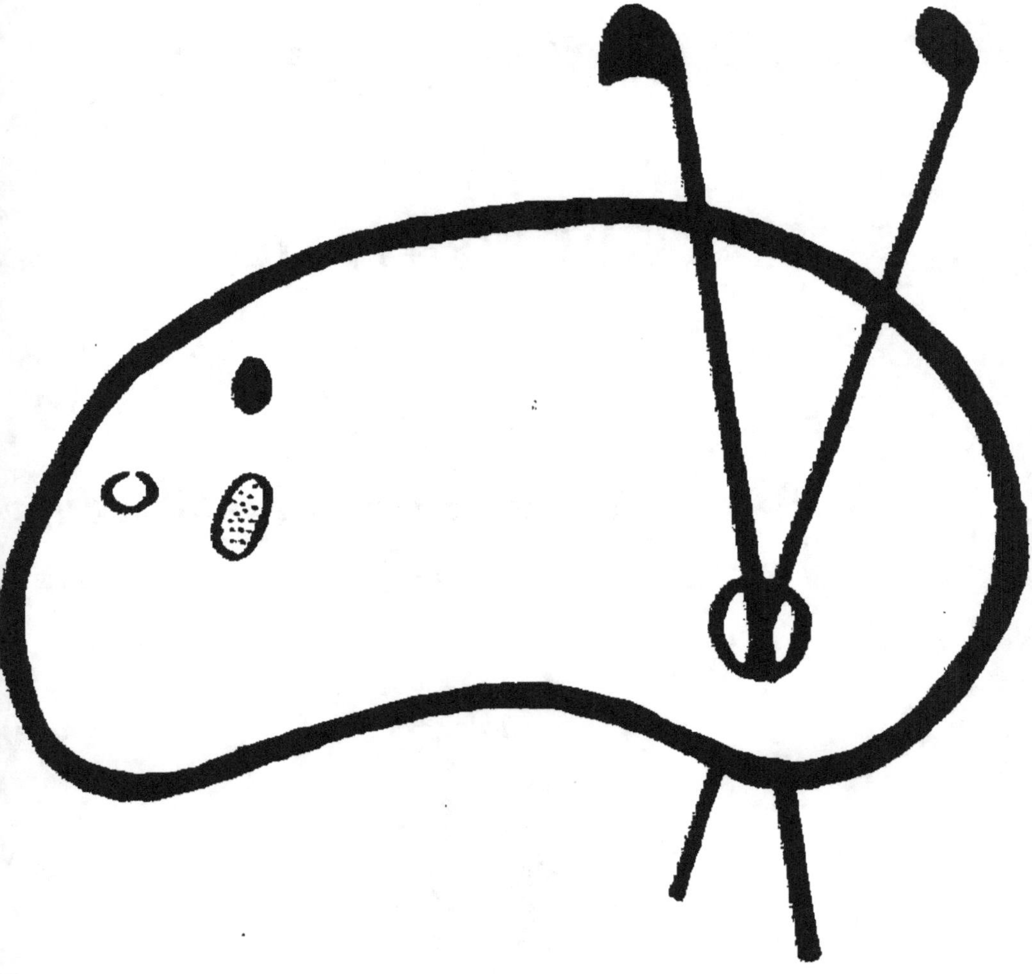

FÉLIBRIGE

MAINTENANCES DE LANGUEDOC

D'AQUITAINE

ET DE PROVENCE

ANNÉE 188_5-86_

MOIS DE *setembre 85 à août 1886*

n°58

MONTPELLIER

IMPRIMERIE CENTRALE DU MIDI

(Hamelin frères)

LE FÉLIBRIGE

Bureau général

MM. Frédéric Mistral, à Maillane, *grand-maître du Félibrige*.
— Victor Lieutaud, à Marseille, *chancelier*.
— Jean Montserrat y Archs, à Barcelone (Espagne), *vice-chancelier*.
— Victor Balaguer, à Madrid (Espagne), *assesseur de Catalogne*.
— Gabriel Azaïs, à Béziers, *assesseur du Languedoc*.
— Anselme Mathieu, à Avignon, *assesseur de Provence*.

Consistoire

MM. Aguiló y Fuster. — Albert Arnavielle. — Théodore Aubanel. — Gabriel Azaïs. — Victor Balaguer. — Paul Barbe. — Melchior Barthès. — Léon de Berluc-Pérussis. — Jean-François Bladé. — Adolphe Blanc y Cortade. — Bofarull y Sartorio. — Guillaume-C. Bonaparte-Wyse. — Marius Bourrelly. — Pelage Briz. — Jean Brunet. — Damase Calvet. — Antoine Camps y Fabrès. — Castela. — Camille Chabaneau. — Alfred Chailan. — Auguste Chastanet. — L'abbé Jacques Collell. — L'abbé Léonce Couture. — A. Crousillat. — Louis Cutchet. — François Delille. — Maurice Faure. — Thomas Forteza. — Auguste Fourès. — Malachie Frizet. — Jean Gaidan. — Paul Gaussen. — Jean-Baptiste Gaut. — Marius Girard. — Antonin Glaize. — Félix Gras. — J. Huot. — Camille Laforgue. — Alexandre Langlade. — Victor Lieutaud. — Théodore Llorente. — Anselme Mathieu. — Alphonse Michel. — Manuel Milá y Fontanals. — Achille Mir. — Frédéric Mistral. — Jean Monné. — Jean Montserrat y Archs. — L'abbé F. Pascal. — Charles Poncy. — Louis Pons y Gallarza. — Joseph Quadrado. — Wenceslas Querol. — Albert de Quintana y Combis. — A. Roque-Ferrier. — Hiéronyme Rosselló. — Joseph Roumanille. — Louis Roumieux. — Ernest Roussel. — L'abbé Joseph Roux. — Junior Sans. — A.-L. Sardou. — Frédéric Saler. — Tamizey de Larroque. — Alphonse Tavan. — Joseph-Marie Torres. — Pierre-Antoine de Torres. — Le comte de Toulouse-Lautrec. — Le baron Charles de Tourtoulon. — François Ubach y Vinyet. — L'abbé Hyacinthe Verdaguer. — Auguste Verlot. — François Vidal.

I. — MAINTENANCE D'AQUITAINE

Syndic : M. le comte de Toulouse-Lautrec, à Saint-Sauveur (Tarn).
Vice-syndics : M. de Carbonnières, à Lavaur (Tarn). — M. Castel, à Loubejac, près Montauban. — M. Chastanet, à Sarlat (Dordogne). — M. Paul Barbe, à Buzet (Haute-Garonne).
Secrétaire-trésorier : M. l'abbé Chasseréau, à Plagole, canton de Rieumes (Haute-Garonne).

II. — MAINTENANCE DE CATALOGNE

Syndic : M. Albert de Quintana y Combis, ancien député, à Torella.
Vice-syndics : M. Théodore Llorente, à Valence (Espagne). — M. Hiéronyme Rosselló, à Palma (Espagne).
Secrétaire-trésorier : M. F. Mathéu y Fornells, à Barcelone.

III. — MAINTENANCE DU LANGUEDOC

Syndic : M. Camille Laforgue, à Quarante (Hérault).
Vice-syndics : M. Albert Arnavielle, à Remoulins (Gard). — M. Frédéric Donnadieu, à Béziers (Hérault). — M. Achille Mir, à Carcassonne.

IV. — MAINTENANCE DE PROVENCE

Syndic : M. Marius Bourrelly, à Marseille.
Vice-syndics : M. Ch. Descosse, à Forcalquier (Basses-Alpes). — M. V. Colomb, à Valence. — M. Marius Girard, à Saint-Rémy (Bouches-du-Rhône). — M. Alph. Michel, à Lorgues (Var). — M. Sardou, à Nice.
Secrétaire-trésorier : M. Jean Monné, à Marseille.

SALUT

A L'OCCITANIE

SALUT

A L'OCCITANIE

IMITÉ DE FLORIAN

PAR FORTUNÉ PIN

TRADUIT EN CENT SEPT IDIOMES

LA PLUPART D'ORIGINE ROMANE

et publié

A L'OCCASION DU PREMIER CENTENAIRE

DE L'ABBÉ FAVRE

MONTPELLIER

IMPRIMERIE CENTRALE DU MIDI

(Hamelin Frères)

—

1886

La Maintenance de Languedoc

a fait imprimer du « Salut à l'Occitanie »

Cent sept exemplaires d'auteur numérotés

et a offert le présent exemplaire

portant le N°

à M.

en témoignage de gratitude

pour sa précieuse collaboration

———

UN RAMELET DE LAURIÉ

COUPAT SUS LA TOUMBA DE VERGELI

E LOU PREMIER EISEMPLARI

D'AQUESTE LIBRE

SEGUEROUN EMBARRATS LOU XIX JULIET MDCCCLXXXVI

DINS LOU MARBRE FUNERARI

DE L'ABAT JAN-BATISTA FAVRE DE SANT-CASTOR

La deuxième partie de cette publication sera distribuée au mois de septembre prochain.

INTRODUCTION

Le régime centralisateur de notre France moderne se résoudra-t-il jamais à abdiquer devant un idéal de liberté? Il est difficile d'en nourrir l'espoir. En tout cas, si la vie locale et les initiatives individuelles renaissent quelque jour parmi nous, et ramènent dans le corps de la nation le sang aujourd'hui réfugié dans le cerveau; si les libres rapports de province à province parviennent à se substituer aux rapports exclusifs de département à capitale, notre région pourra, non sans fierté, revendiquer le mérite d'avoir, de longue et patiente main, provoqué ce résultat. Quoique limitée à l'ordre scientifique et littéraire, l'action qui s'est produite depuis un quart de siècle dans la France du midi a éveillé bien des ardeurs et trempé bien des caractères. Elle a donné à chacun et à tous, aux personnalités comme aux groupes, la conscience de leur valeur, le désir d'une forte union, le pressentiment d'un rôle possible.

Il y a quelque vingt ans, dans une réunion du Congrès scientifique de France, tenue à Aix, et à laquelle assistaient mille adhérents, un Languedocien, le baron de Larcy, disait : « Vous ne regretterez pas vos efforts; vous aurez donné dans nos contrées un noble exemple d'initiative individuelle et de patriotisme éclairé. Vous avez prouvé que d'honnêtes gens peuvent s'assembler publiquement, discuter leurs affaires, prendre même des résolutions communes, sans troubler l'ordre public, sans manquer à aucune convenance... Nous n'oublierons jamais l'accueil que nous avons reçu dans cette capitale de l'ancienne Provence, qui nous est apparue sous ses plus beaux aspects, éclairée par un soleil splendide, couronnée du double rayon des antiques souvenirs et des lumières modernes... Vous avez témoigné que le Rhône n'est pas pour vous une barrière, et vous avez accueilli fraternellement ceux qui venaient de l'autre rive. J'entendais chanter dans ma jeunesse: « O superbe Provence, ô fière Occitanie!...» Ces deux grandes provinces du Midi sont en effet deux sœurs, animées du même esprit, ayant les mêmes intérêts à défendre. Puisse leur union se resserrer par des liens toujours plus intimes! Elle sera féconde. »

Cette prophétie éloquente s'est pleinement réalisée. Provençaux et Languedociens se sont retrouvés bientôt, et ensemble ils ont poursuivi l'œuvre décentralisatrice affirmée au Congrès d'Aix. L'Occitanie a rendu avec usure, en mainte brillante et cordiale occasion, à sa sœur et voisine, l'accueil qu'elle en avait reçu. Voici une dizaine d'années que la Société des langues romanes et les félibres du Languedoc convoquent, avec la régularité la plus aimable, à leurs réunions annuelles, les romanistes et les romanisants de la Provence, et c'est, chaque fois, l'âme pleine de gratitude et de charmants souvenirs que ceux-ci repassent le Rhône.

Aussi le jour où celui qui écrit ces lignes a rencontré dans les manuscrits juvéniles de Fortuné Pin un *Éloge de l'Occitanie*, la pensée s'est à l'instant présentée à son esprit, ou plutôt à son cœur, d'en faire hommage à ses confrères de Montpellier[1]. Ce morceau était, par malheur, un simple devoir de collégien; l'auteur l'écrivit, sur le canevas du maître, au lendemain de son entrée en rhétorique. Il fallait, pour le rendre digne de ses destinataires, ajouter à sa trop modeste valeur un mérite extrinsèque. Le mieux n'était-il pas de compléter sa physionomie provençale, en l'accompagnant de traductions émanées de nos meilleurs félibres? C'est ce que nous avons voulu faire, et, certes, l'événement a justifié cette inspiration.

Sur un simple appel, les versions nous sont arrivées nombreuses de tous les points du Midi et même du dehors. Si bien qu'en peu de temps, nous avions entre les mains tout un album philologique, auquel des pages venues de l'Italie, de l'Espagne, de la Roumanie, du Portugal, de la Suisse romande, donnaient une physionomie non plus méridionale seulement, mais latine, et répondant ainsi à l'idée maîtresse du renouveau provençal et languedocien. Enrichi de cette sorte, notre livret dépassait en intérêt son classique devancier l'*Enfant prodigue*, et nous pouvions avec confiance l'offrir, au nom de notre éminente légion de collaborateurs, aux félibres du Languedoc. Ceux-ci, avec le plus fraternel empressement, ont voulu lui donner place parmi les publications mensuelles de leur Maintenance, à l'occasion et en commémoration dialectale du premier centenaire de l'abbé Jean-Baptiste Favre de Saint-Castor.

Un détail piquant et inattendu nous a été signalé au cours de l'im-

---

[1] C'était à l'occasion des Jeux floraux languedociens de mai 1883, dont la royale félibresse Carmen Sylva fut proclamée la reine.

pression par de nos confrères cévenols. Le professeur lyonnais qui,
en 1820, donna à ses élèves la « matière » de cet « éloge » l'avait em-
pruntée à l'*Estelle* de Florian. En sorte que le jeune Provençal avait,
sans s'en douter, « démarqué le linge » de l'illustre Languedocien [1], et
que nous rendions son propre bien à l'Occitanie en lui offrant cette
page, tirée d'un de ses plus chers écrivains. Cette découverte, en di-
minuant le mérite de l'écolier, augmentait, par contre, le prix de
l'œuvre.

En tout cas, ce recueil n'intéressera pas les seuls compatriotes de
Florian. Les traductions y sont assez en nombre, elles représentent
suffisamment de régions, pour ne pas fournir d'inutiles matériaux
de comparaison aux philologues. La géographie des dialectes méri-
dionaux, si nettement séparés des dialectes d'oïl par les travaux de
MM. de Tourtoulon et Bringuier, mais si peu étudiés dans leur dis-
tribution intérieure, va faire, nous semble-t-il, un premier pas, qui,
pour être timide, n'en sera pas moins le signal de la marche en avant.
Nous avons essayé, au moins pour la Provence, d'un classement rai-
sonné de nos parlers divers, et peut-être ne sera-t-on pas fâché d'en
trouver ici une indication sommaire.

On sait que, parmi les caractères qui distinguent les idiomes entre
eux, il n'en est pas deux qui aient absolument le même périmètre géo-
graphique. Il faut donc, de nécessité absolue, pour tracer sur la carte
la ligne divisoire des dialectes, s'attacher à un caractère unique, le
plus saillant. C'est dans le mot par excellence, le verbe, qu'on doit
naturellement chercher ce signe dominateur, qui se retrouvera presque
fatalement dans toute phrase. En vertu de ce principe, MM. de Tour-
toulon et Bringuier ont admis, comme critère principal de la langue
d'oc, la terminaison *a* à l'infinitif de la première conjugaison, en oppo-
sition avec la terminaison *e* tonique, critère de la langue d'oïl [2]. Un
signe analogue nous a paru marquer les grandes divisions dialectales
de la Provence. Il a, sur le précédent, cette supériorité d'être com-
mun à toutes les conjugaisons, et cette autre encore de se reproduire
dans le plus grand nombre des modes et des temps du verbe. C'est
la finale de la première personne du singulier. Cette finale affecte
trois formes nettement tranchées ; de là, pour nous, trois familles de
dialectes.

[1] On remarquera pourtant, dans la composition de Fortuné Pin, l'heureuse
paraphrase du proverbe *Si Deus in terris, habitaret Biterris*, qui manque
au texte de Florian et qui, assurément, ne l'eût pas déparé.

[2] Un de nos savants romanistes nous fait remarquer, à titre d'exception con-
firmative de cette règle, que l'infinitif en *e* tonique existe en langue d'oc sur
divers points isolés.

La première, établie dans la région alpestre ou haute **Provence**, et appartenant, à n'en pas douter, à la race la plus ancienne du pays, emploie, à la première personne du singulier de la plupart des temps, la finale en o sourd, distinctive du latin et des langues de si : *amo, amaro, amero, qu'amo, qu'amesso, que ago ama, que aguesso ama*, suivant l'orthographe de Mistral, ou *àmou, amàrou, amérou, qu'àmou, qu'améssou, que àgou ama, que aguéssou ama*, si l'on emploie le mode d'écrire adopté sur place. Cette forme s'étend de la haute Provence dans le Dauphiné, et gagne de là le Forez.

La seconde, celle de la région méditerranéenne ou basse Provence, emploie la terminaison primi-personnelle en i : *àmi, amàri, améri, qu'àmi, qu'améssi, que àqui ama, que aguéssi ama*. Quoique ne correspondant en latin qu'aux seuls verbes en io (*vèni = venio*), cette finale est caractéristique de toutes les conjugaisons de l'ancienne langue romane classique, et, aujourd'hui encore, elle est usitée, à travers toute la largeur de la France, depuis Nice jusqu'à Bordeaux.

La troisième, celle de la région rhodanienne, ou du Comtat et de l'Arlésie, emploie la terminaison en e atone : *ame, amave, amere, qu'ame, qu'amesse, que ague ama, que aguesse ama*. On retrouve cette finale de l'autre côté du Rhône, où elle s'étend assez avant dans le Languedoc, sans que, néanmoins, son domaine soit aussi vaste que celui des deux précédentes familles. Il existe des exemples de cette forme chez les troubadours ; il serait donc téméraire d'y voir une altération de l'idiome local, due à l'annexion française. Mais, pour être ancienne, ou, si l'on veut, primitive, la parenté de cette finale avec celle du verbe d'oïl est évidente, et les trois équations *àmou = amo, àmi = ami* et *ame = j'aime*, sont, à notre avis, d'une rigueur pareille. Ce n'est pas, du reste, dans le verbe seulement que l'on reconnaît, sur les bords du Rhône, la muette française. Elle s'y montre encore dans un certain nombre de substantifs : *juge = jùgi, vierge = viérgi*, etc., et Mistral l'a logiquement employée dans *Felibrige*.

Si, maintenant, nous avions à parler des autres signes différentiels de nos trois idiomes, nous remarquerions que celui d'*àmou* offre quelque précieux spécimens des vieux pluriels romans, *lous, las, mous, mas, aquestous, aquestas*, etc., mais que, plus généralement, le pluriel de l'article et celui des adjectifs et pronoms similaires y est caractérisé, tant au féminin qu'au masculin, par la terminaison uniforme es : *les pèiros, belles oumbros* [1], *aqueles pibouros, mes*

---

[1] L'adjectif qualificatif offre cette particularité, que son féminin pluriel prend la finale os ou la finale es, suivant qu'il suit ou précède le substantif : *belles oumbros, oumbros belles*.

enfants, vouostes camins, quauques testards, nautres parten, eles
arribon ; que cette terminaison, invariable dans quelques parties mon-
tagneuses, subit, dans la plus grande étendue de la région d'amou,
l'influence d'une loi générale de vocalisation, en vertu de laquelle l's
se transforme en i, toutes les fois qu'elle est suivie d'une consonne au-
tre qu'une forte : lei riches, supèrbei garbeirouns, aquéstei figuieros,
lei nebouts, nouòstei resins, d'autrei rìutos, ràutrei renès, èlei s'en
van ; — que le parler d'àmi, soumis à une loi plus simple et moins
musicale, vocalise l's, quelle que soit la lettre qui l'accompagne, et
se contente d'ajouter à cette vocalisation une s euphonique devant
les voyelles : lei paure, lei riche, bèlleis oumbro, bèllei vigno, aqué-
lei piboulo, meis enfant, nouàstei camin, quàuquei testard, ràu-
trei partès, èleis arribon ; — qu'enfin le dialecte d'ame procède de
même, mais en ne gardant, de la diphthongue terminale que la der-
nière lettre, au moins à Maillane, St-Rémy et lieux voisins : li pèiro,
li riche, bèllis oumbro, supèrbi garbeiroun, aquéli piboulo, mis
enfant, nòsti camin, quàuqui testard, ràutri partès, èlis arribon.
La disparition de l'e intermédiaire est ici une de ces mignardises
dont le langage de l'Arlésie nous offre bien d'autres exemples, ne
serait-ce que la suppression de l'r dans une foule de mots : faié =
farié, pudentaié = pudentarié, etc.[1]. Nous ne croyons pas, au reste,
que l'on retrouve aucune de ces charmantes déformations dans les
anciens textes de la contrée rhodanienne. Il n'en est que plus pi-
quant de constater que le dialecte rhodanien, qui est historiquement
le plus jeune, et géographiquement le moins répandu des trois, est
devenu, grâce à l'autorité du génie, la langue littéraire de la Pro-
vence, de préférence au gavot, de si archaïque couleur, et au proven-
çal méditerranéen, si topique et si national.

Nous arrêtons là ces rapprochements[2], laissant aux philologues,
parmi lesquels nous n'avons pas la prétention de nous ranger, le
droit et le soin de classer définitivement nos idiomes, et d'en codifier
les lois. Pour que ce travail puisse fructueusement se faire, il faut
que chaque canton, voire chaque commune, fournisse de fidèles échan-
tillons de son langage propre. Aussi ne saurait-on trop encourager
dans leur voie les écrivains qu'anime la fierté du clocher natal, les
poëtes qui chantent comme autour d'eux le peuple parle. De même

---

[1] Autant que nous en pouvons juger, cette chute de l'r médian est générale
en Languedoc.

[2] Voir, pour quelques détails géographiques, les actes du Congrès scienti-
fique de France tenu à Nice en 1878, t. II, p. 360-361, où l'on trouvera le
résumé d'une communication présentée par nous à ce Congrès, sur les dia-
lectes de la Provence, leurs caractères distinctifs et leur périmètre.

qu'on ne pourra écrire une histoire de France définitive que lorsque tout village aura la sienne, de même la grammaire et le vocabulaire d'oc ne sauraient être complets tant qu'une soigneuse enquête philologique n'aura pas relevé par le menu les moindres particularités locales.

Est-ce à dire que nous voulions prêcher un *séparatisme dialectal*, qui serait l'émiettement de notre littérature? A Dieu ne plaise! nous saisissons, au contraire, cette occasion de renouveler une profession de foi que nous avons eu souvent plaisir à développer. Une œuvre locale et populaire, dont le principal but est d'instruire, de moraliser, de délasser autour d'elle, doit, à notre avis, être écrite dans le langage du cru, si l'auteur veut demeurer en communication intime avec son public. Tout au rebours, une production qui s'adresse moins au peuple du voisinage qu'aux lettrés du dehors devra, sous peine de décourager le lecteur par des formes qui ne lui sont pas familières, adopter la langue de *Mirèio*, ou, à défaut, celle de l'un des grands dialectes connus.

Reste, pour clore, la question de l'orthographe. Nous avons prié nos collaborateurs d'employer celle du *Trésor du Félibrige*, mais sans autrement peser sur leur détermination. Bon nombre ont bien voulu déférer à notre requête. Quelques-uns, hésitant à rompre avec d'anciennes habitudes, ont suivi d'autres méthodes graphiques. Sans vouloir discuter ni contester le mérite intrinsèque d'aucun système, nous nous bornerons à faire remarquer que cette diversité embarrasse le lecteur, et qu'il est de l'intérêt supérieur de la cause provençale de faciliter la lecture et la compréhension de ses textes par l'adoption d'une orthographe uniforme. Celle de Mistral n'eût-elle que le mérite d'être la plus généralement suivie, que c'en serait assez pour que nous réclamions son emploi exclusif, au moins pour les dialectes de la rive gauche du Rhône. Assez de difficultés nous viennent du dehors; n'en créons pas au dedans. Et, si nous voulons que la langue d'oc prenne, parmi les littératures de l'Europe, un rang incontesté, présentons-nous en un seul groupe au public, une même grammaire et un même dictionnaire à la main.

A. DE GAGNAUD.

Porchères, 23 avril 1886.

ÉLOGE DE L'OCCITANIE

ÉLOGE DE L'OCCITANIE

Je te salue, ô belle Occitanie ! Terre toujours aimée des cieux, je te salue ! Reçois mes faibles hommages. De quelque côté que je porte mes yeux, tout retentit de tes louanges. C'est pour toi que les Romains négligèrent la fertile Ausonie ; c'est par leurs soins que tu vis s'élever dans ton sein une nouvelle Rome. Séduits par la douceur de ton climat, les Arabes abandonnèrent leur heureuse patrie. Quels efforts ne firent pas les Cimbres, les Teutons, les Grecs, les Goths et tant d'autres peuples barbares pour te conquérir ? Clovis et Charles-Martel t'ont regardée comme le plus beau prix de leurs victoires. Que dirai-je de tes productions ? Tes fleuves roulent de l'or ; tu nous prodigues la turquoise, l'albâtre et du marbre plus beau que celui de Paros ; tes riches pâturages sont couverts de troupeaux de toute espèce ; les plus belles moissons jaunissent tes campagnes. Enfin ton territoire nous fournit des fruits délicieux et des vins plus exquis que ceux de Falerne et de Massique chantés par Horace. Mais, en parlant de tes richesses, pourrais-je oublier les grands hommes que tu as produits ? La France te doit ses plus célèbres magistrats, ses guerriers les plus distingués et les auteurs dont elle se vante le plus. Je vous en atteste, Antonins, Raymonds, et vous tous, hommes illustres qui vous glorifiez de l'avoir pour patrie ! Mère des beaux-arts, tu sais vaincre et produire des troubadours qui chantent tes conquêtes ; les plus beaux monuments décorent tes cités. Enfin que pourrais-je ajouter, lorsqu'on a dit que, si Dieu voulait habiter la terre, il te choisirait pour demeure ?

Terre féconde en héros, en trésors, en tout ce qui peut rendre la vie agréable, nouvel Eden, je te salue !

FORTUNÉ PIN.

Lyon, 19 novembre 1820.

OCCITANIÆ PROPINATIO

—

Salve, ô decora Occitania, tellus cœlo semper grata, salve !

Meos debitos etiamsi debiles suscipe honores.

Quocumque me convertam, undique tuis laudibus aures circumsonant.

Tui gratiâ Romani feracem Ausoniam parvi duxerunt.

Ipsorum studio, alteram Romam in sinu tuo elatam, contemplari tibi contigit.

Tui cœli blanditiis illecti suam Arabes felicem patriam deseruerunt.

Quas opes Cimbri, Teutones totque alii barbari, ut te in suam ditionem redigerent, moliti sunt !

Clodovicus et Carolus-Martellus te optimum victoriæ munus habuerunt.

De tuâ ubertate quid dicam ?

Aurum tuâ flumina volvunt.

Turchoïdem, alabastrum, marmor marmore Paros pulchrius largiter effundis.

Variis gregibus tua pinguiora pascua induuntur.

Opimis segetibus tui flavescunt campi.

Terra tua suavissima poma, vinaque Falerno necnon Massico ab Horatio celebratis exquisitiora, præbet.

Cuinam tuas divitias memorant celebres quos peperisti viros prætermittere liceret ?

Gallia plurimos tibi debet suos illustrissimos magistratus, bellatores egregios atque auctores quibus merito maxime gloriatur.

Vos, Antonini, Raymundi virique illustres hâc patriâ superbientes, omnes testor !

Alma artium mater, victores victoriæque vates fauste paris.

Pulcherrimis monumentis civitates tuæ exornantur.

Quid plura ? fertur enim Deum (si unquam in terris Deus !) apud te esse mansurum.

Heroum, thesaurorum omniumque rerum quæ vitam mulcent terra ferax, alter Eden, Salve !

(Opus posthumum Domini Fortunati Pini, e gallicâ in linguam latinam translatum à Domino Emilio Savy.)

A L'OCCITANYE

TRINQUEMENT D'OULTRE TUMBE DE MESSIRE FORTUNAT PIN

Ie te salluë ! bellissime Occitanye, terre trèz-tous tems des Cieulx amée, rebçois, rebçois, mes salvatiōs et pareillement mes paouvres omaiges, pour ce que, èz quelcunques costés les miens resguards iaillent ilz que omnichouses esclantissent loz en ton honneur !

Les Romains, de toy affriandés, layssèrent la prouductifve Auzonye pour s'esbanoyer èz mitan de la novelle Rome, laquelle ilz attrounfvèrent idoyne bastir emmy ton sein. Les Maures yssirent de leur playsante Patrie pour se prelasser paradyziquement soubz ton doulx clymat, et Cymbres, Teutons, Goths, et si tant d'aultres barbaresques peuples se challesrent ilz moult pour te conquester, à tant que Klovis et Karle-le-Martel te resguardoyent esgallement que parafinicque rescompense de leurs victoires. Ains ie m'appense que ne puys dyre mie de tes prouduicts ; tes fleufves roullent l'aur ; myrificques escarboucles saillent fors de ton sol, et tu bailles à trestous ceulx quy en cuydent adveoir Ophyte plus mareveilheux que cestuy de Paros. A tes riches pasturaiges se saoullent numereux troypeaulx de variables espesces ; èz campestre iaunissent esbahissantes moissons, et pour finer, en ton terroir meurissent fruicts delectaibles et vins si tant moult excequiz que point avons cure ne phantaysie de ceulx que iadis èz Phalerne et Massicque boutoient Horace en liesse. Ains emmy tes grauts richesses ne failleray-ie parler des féaulx hounouraibles et hommes saiges que as générez, si tant que la France te doibt ses plus phameulx Justiciers, ses soudarts les moult ferus de guerroyantes valleurositéz et aussy ses auctheurs dont adourne sa vanité, et nous en testimonions des Antonins, des Raymonds et de aulcuns aultres illustres lesquels glorieulx sont-ilz de l'avoër pour Patrie. Endementiers que es mère des Arts, tu sçais fortuitement veincre et prouduyre gents trouvaires qui chanttent glorieuxsement tes conquestes. Les plus esbanoyants monuments adournent tes cittés ; finablement suys quinauld et ne peulx mie adiouter, à cestuys proupos que ha esté dict que si Nostre Benoist Seigneur Dieu voulsist sur ceste mundaine planeste habitter c'est toy que pour demoure choysiroit. Terre fecunde en héros, en thrézors, en tout ce qui faict ioie, liesse et heur de la vie novel Eden, ie te sallue !

Traduict en vieil françoys,
par Charles de GANTELM, d'ILLE.

A L'OCCITANIE

—

TOAST POSTHUME DE FORTUNÉ PIN

———

Salut, ô belle Occitanie !
Je veux te chanter sur mon luth.
O terre par le ciel bénie,
Reçois mes hommages, salut !

Tout retentit de ta louange.
Toujours des gloires sans mélange
Vinrent resplendir sous tes cieux.
De Rome tu reçus la pomme.
Aussi d'une nouvelle Rome
Le mirage rit à tes yeux.

Dans leurs fréquents pèlerinages,
Renouvelés d'âges en âges,
On vit toutes les nations
Vouloir chez toi planter leur tente,
Dans chaque phase intermittente
De leurs grandes migrations.

Des Goths la course passagère
Te laisse une trace légère.
Cimbres, Teutons, sans lendemains,
Après d'éphémères conquêtes,
Disparurent sous les tempêtes
Des légionnaires romains.

L'Arabe, au coursier qui s'envole
Cherche à ceindre ton auréole
Un instant, sur son front altier,
L'étoile captive étincelle.
Mais Charle-Martel le martelle...
Il s'envole sur son coursier.

Est-il région plus féconde ?
Tes eaux roulent l'or dans leur onde.
Partout les plus heureux produits.
Les albâtres et les beaux marbres,
Comme les plantes et les arbres,
Se couvrent de fleurs et de fruits.

Les gras troupeaux paissent tes plaines.
Au souffle des tièdes haleines
Qui dorent tes blondes moissons.
Tes Falernes et tes Massiques,
Bien mieux que les nectars antiques,
Donnent des ailes aux chansons.

Oublirai-je tes autres gloires ?
Tes guerriers aux grandes victoires.
Tes mélodieux troubadours,
Maniant l'épée et la lyre,
Dans leur poétique délire.
Chantant les combats, les amours ?

Je porte un toast à tes artistes,
Tes écrivains, les publicistes,
A tes poëtes de renom.
Dans leur groupe qui m'environne.
A tous je tresse une couronne.
Pourrais-je oublier quelqu'un ? Non !

L'histoire, impartiale et calme,
A su décorer d'une palme
Tes essaims de célébrités.
L'architecture et la sculpture
Ont fait une riche ceinture
De monuments à tes cités.

Oui, ta terre prédestinée,
Par le soleil illuminée,
Fleurit comme un riant jardin.
Si Dieu, sortant de son mystère,
Voulait séjourner sur la terre,
Il habiterait ton Eden !

Salut, ô belle Occitanie !
Je veux te chanter sur mon luth.
O terre par le ciel bénie.
A toi mes hommages, salut !

Rimé en français par J.-B. GATT,
conservateur de la bibliothèque Méjanes. à Aix-en-Provence.

Aix. le 18 avril 1883.

PROVENCE

AMOU

A L'OUCITANIO

—

TURTA POUSTUME DOU FORTUNÉ PIN

———

Te salúdou, bello Ocitanio, terro sèmpre ama dou ciel, te salúdou! Recebe mes trop prins oumàgi. De que caire que me virou, tout resclanti de tei louàngi. Es par tu que lei Roumains deidegueron l'Ousounio tant drudo, es par tu qu'oubourcron ou mitan de toun tarraire uno nouvello Roumo. Amadoua par toun climat tant suau, les Arabe abandouneron soun uroua patrio. Quntes eifort feron pas lei Cimbre e les Teutoun, lei Goth e bén d'autres pople barbare par te counqueri! Clovis e Carle-Martéu t'aregarderon coumo la pu bello joio de sei vitòri. Que dirai de ce que coungriés? Tei flume carrejon d'or, nous clafissei de turcouaso, d'albatre e de marbre pu béu qu'aquéu de Paros; tei riches pralarié soun cuberto de troupéu de touto meno; tes champs estalon sei meissoun tóutei jaunos e mai que bello; enfin toun tarraire nous pouorge de frucho delicioua e de vin pu flame qu'aquéi lei de Falérno e de Massico canta par Ouràci. Mai en rememouriant tei richesso pourriéu-ti eissublia lei grands ome qu'as coungria? La Franço te déu ses pu celèbre magistrat, sei sourdat les pu famous e les ontour de qu se vanto lou mai. Vous prénou eu testimòni. Antounin e Reimound, e tóutei vautres, omes illustre, que siai fier de l'agué par patrio! Maire des arts, sabes counqueri e fa'speli de troubadou que canton tes cout3questo. Les pu béu moununmen decoron tei ciéuta. Enfin que pourriéu ajusta, pei qu'an di que se Diéu vouié abita sus terro restarié 'ncò de tu?

Terro vartadiero en eros, en tresor, en tout ce que pouo réndre la vido agrad   o, nouvèl Edèn, te salúdou!

Revira en parla de Fourcouaquié, par

E. Plauchud

A L'OUCITANIÉ

BRINDE DOU PAURE FORTUNÈ PIN

Te salùdou, o bèu pais de dela Rose, tearra de-longa amà dou bouon Diéu, te salùdou! T'agrade ma brie d'oumàgis.

De qunta man que me touòrnou, clantis un resson que te lóusa.

Es par tu que lei Roumens negligenteron soun Italia tant fegounda; es par sei souei veguerei s'oubourà entre mitan de toun terraire una nouvella Rouma. Agroumandis par la douçou de toun climat, lei Môuroui leisseron istà soun urouna patria. Que feron pa Cimbres, Téutouns emai Gots e tant d'àutrei naciens feras, par te prene? Lou Clouvis e lou Charle-Martèu t'arregarderon couma la pu bella joia de sei vitonaras. Que dirai de tei prouduciens? Tei rivieras tirasson d'or. Nouei baiei — n'en vouei n'en vaqui — de pèiras tuercas, d'arbatre, em'un marbre pu bèu qu'aquéu de Parouos. Tes pasturgàgis ufanouei soun clafi de capitaus de touto meno. Tes champs roussejon de meissouns mai que courouas. Anfin toun sòu nouei semound de fruchas qu'es un delici, e de vin qu'à soun respèt fòu parlà ni dou Falearna niinai dou Massique que l'Ouraça cantava. Mai, d'abord que n'en sian à tei richessas, pourriéu-ti leissà de caire lei grands omes qu'as anantis? Es tu qu'as baia à la Françasos pu famouei magistrats, sei garriei les pu flames, e les outours que s'en avanta lou mai. Vouei n'en vouòrou par temouei, Antounins, Reimouns, e tóutei vautres que vouei glourifiéi d'èsse neissu d'ela.

Maire dei Bèus-Arts, sàbei gagnà de bataias e fa 'speli de troubaires par lei cantà. Lei bastissai lei mai requistas abelisson tei vilas. Fin finala, que pourriéu apoundre de mai, istènt que s'ei di que se, par cas, Diéu vouié abità ciçavau, es tu que chousirié par demouoro?

Rode proudigou d'òmei de la bouona. de tresors, de tout ce qu'agrada dins la vida, nouvèu Paradis de l'Adam, te salùdou!

Revirà en parlà de Pourchiera, par lou nebout e fiéu de l'outour,

A. DE GAGNAUD.

A L'OUCITANIÉ

—

BRINDE POUSTUMÉ DOU FOURTUNA PIN

—

Te salûdou, bello Oucitanié, terro[1] toujou eimaio[2] dóu souréu[3], te
salûdou ! Recebe mei pichouns oumagis[4].

[1] L'o atone de la dernière syllabe des mots féminins, résonne à Volone,
comme o pur dans la bouche de la jeunesse, à peu près comme à Avignon,—
et comme eu, ou l'œ allemand dans la bouche des vieux.

[2] Variantes, toutes usitées à Volone : eimaio (c'est le pur volonais) —
amaio, la première syllabe est francisée ou arlésianisée — amà. Pour la ter-
minaison du participe passé féminin, et généralement de toutes les rimes en
ado, c'est aio qu'on prononce à Volone. Quelques jeunes gens prononcent
ado, mais c'est rare. Tout autour de Volone, aux Mées, à l'Escale, on prononce
amà, sans changer au masculin ni au féminin. Sur ce fait, remarqué dans la
localité, on a fait ce paradigme : La bujaio, l'aven lavaio à Pèiro Taiaio e
l'aven eissajaio touto la journaio.—On dit aux Mées : La bujà, l'aven lava
à Pèiro-taia e l'aven eissaja touto la journa. On dirait à Arles : La bugado,
l'aven lavado à Peiro-Taiado e l'aven eissayado touto la journado. Quoi-
que les trois formes soient usitées à Volone, la forme en aio parait plus indi-
gène. Pierre-Taillée est un roc taillé par les Romains pour une route, sur les
limites des territoires de Volone et de l'Escale. Quelques personnes, aux Mées,
emploient aussi la forme : amado.

[3] Ciel n'est rendu en provençal volonais que par le gallicisme : cier. Nous
y avons substitué soleil, souréu, mot dans lequel apparait la loi du provençal
local qui fait changer en r la plupart des l placées entre deux voyelles, surtout
dans les substantifs bisyllabiques.

[4] Quelques personnes disent oumage, louange, mais elles sont rares.
Quelques-unes même disent simultanément : oumàgi et louange. Cette der-
nière forme est un gallicisme. Dans les deux cas, on fait résonner l's du plu-
riel, mais tous ne le font pas. Quelques-unes prononcent tout à fait sans s.

De que caire que gardièye ⁵ tou restentis de tei louàngis. Es par
que lei Rouman leishéron ⁶ la fartilo ⁷ Ausounié. S'apren à-n-éles
se veguéres crèishe dins toun sen uno nouvello Roumo. Engaja par
la douçour de toun climat, les Araves ⁸ quitéron soun urouso patrio.
Qu'eifors féron pa lei Cimbre, les Tutoun, lei Gos ⁹ e tant d'autres
poples barbares par t'agué ? Lou Clòvis e lou Carle-Martèu t'an gar-
diàio commo lou pu bèu près de sei ¹⁰ vitòris.

Que dirai de tes prouducien ? ¹¹ Tei jabroun ¹² charrien d'or. Nous
traies de pèiro cremarello, de lavino e de marbre ¹³ pu bèu qu'aquéu

⁵ Variante: *gardièjou.* Les deux sont bonnes. *Gardiéjou* suit l'analogie
des autres formes verbales de la 1ʳᵉ personne singulier qui veut *ou*, à la fin,
atone: *gardièye* suit l'analogie des formes *rèye* (je vois), *dièu* (je dis), *fayié*
il faisait), etc., où diverses lettres: *s, d,* etc., se changent en *i.*

⁶ Volone possède deux consonnes chuintantes purement françaises, le *j* et
le *ch.* Le *j* est rarement employé; il l'est surtout pour quelques mots emprun-
tés au français, comme *jamès.* Le *ch,* qui a exactement la valeur française dans
chant, chien, chou, est beaucoup plus commun. Pour ne point le confondre
avec le *ch* provençal, qui a une valeur bien différente, nous écrivons par *sh*
ce *ch* français.— Le dialecte local emploie *sh* pour les deux lettres *sc,* après la
diphthongue *ei* ou *a i;* exemples: *mouisho, eishi, eishò, leisho, meishira,* etc.,
pour *mousco, eici, eiçò, lesco, mascara.* Les villages environnants font de
même.

⁷ Devant *r,* l'*é* se change régulièrement en *a.*

⁸ On appelle, dans le canton de Volone, *araves* les étincelles qui jaillissent
en abondance d'une buche carbonisée, quand on la souffle. A défaut de ce
terme, la vraie traduction populaire du mot *Arabe* serait *Bedouin.*

⁹ Variante également usitée: *lei Cimbre, lei Tutons, lei Gos* ; ainsi que: *les
Cimbre, les Tutoun, les Gos.*

¹⁰ A Salignac (canton de Volone) on dit: *lour vitòri.*

¹¹ On dit *prouduciéu,* à Vière de Volone, à l'Escale, à Château-Arnoux et
en plusieurs autres endroits. Les deux formes sont usitées.

¹² Dans le canton de Volone et dans l'arrondissement de Sisteron, le mot
de *jabron* est donné à un si grand nombre de cours d'eau plus ou moins im-
portants, que ce mot y est encore aujourd'hui synonyme de *rivière,* comme à
l'époque celtique. On ne l'emploie cependant jamais avec un article.

¹³ La turquoise et l'albâtre étant choses parfaitement inconnues, nous y
avons substitué les produits géologiques locaux: les *pèiro cremarello* sont des
nodosités plus ou moins grosses d'ambre ; — la *lavino* est une argile bleuâtre
revêtue d'une écorce jaunâtre qui se trouve au-dessus du pouddingue ou
marras. Cette lavine, d'une dureté incroyable au sein de la terre, présente les
plus grandes difficultés aux mineurs, soit pour la confection des routes, soit
pour le creusement de puits ou galeries souterraines. Une fois mise au contact
de l'air, elle se délite presque comme de la chaux sous l'action de la pluie,
du soleil et de la gelée. Il ne faut que quelques années pour faire ainsi cor-
roder des roches dont la dynamite pouvait seule avoir raison au sein de la
terre.

de l'aros. Tes [14] riches pras soun curbis davé de touto sorto. Les
pu bélei meishoun dauron tes campagnos. Aufin toun tarraire nous
fournis de famouso frucho e de vins que vàron mai qu'aqueles de Fa-
lerno e de Massico, chantas par Ouràci.

Mai, en parlant de tei richessos, pourriéu-ti eishublia lei grans omes
qu'as pourta ? La Franço te dèu ses pu famous jùgis, s'i sourdas les
pu renoumas e les escrivan [15] que li fan lou mai d'ounour Vous
n'en prènou par provo, Tounins e Ramouns, e vous autres [16] toùtes,
òmei [17] glouriouses que voui vantas de l'agué par brés ! — Maire
des ars, sàbes gagna e faire naishe de troubadour que chanton [18]
tes counquistos [19]. Les pu bèu mounumen embelisson tei vilàgis, tei
vilos e tei countraios [20]. — Aufin, que pourriéu-ti ajusta quand s'es
dich [21] que se Diéu vouié [22] veni ista sus tiarro [23], sarié tu que chou-
sirié par demoùoro ?

Tiarro que pouortes abord d'òmei [24] celébres, de tresor, de tou cé-que [25] pouo rendre la vito [26] urouzo, o nouvèl Eden, te salùdou !

[24] Variantes usitées: *d'òmei celébres, d'òmes celébres, d'ome celebre.*

[25] Cette réunion de deux mots accolés, prononcés de telle manière qu'ils n'en paraissent plus qu'un, avec accent tonique sur l'avant-dernier mot, rendant le dernier atone, est assez fréquente à Volone, par exemple: *es clàrque, cèque* pour: *es clar que ; ce que.* Mais ce phénomène a lieu surtout pour les verbes suivis d'un pronom personnel de la première et de la seconde personne du pluriel, rarement de la troisième. C'est ainsi que l'on dit : *setàrous, renjàvous, pagàvous, sarvèvous,* pou. *assetas-vous, arrenjas-vous, pagas-vous, servès-vous.* Cette forme volonaise remonte certainement au vieux provençal des troubadours, qui accolaient ainsi les pronoms *us* et autres aux verbes et aux propositions, et ne faisaient du tout qu'un seul mot. Cette forme est universellement usitée à Vière, comme dans le reste du pays.

[26] La jeunesse commence à employer *rido;* mais la forme *rito* est encore très-florissante.

Note complémentaire.—Volone possède 920 habitants, dont 123 à la campagne, 212 dans le vieux quartier, à Vière, sommet du village ; 107 au faubourg de la Baume, relié au pays par un pont jeté sur la Grave, et le reste au bas de Vière, formant la partie la plus considérable du bourg et la plus neuve, car elle s'étend des pieds du colet de Tigne à la Durance et a toute été bâtie depuis les guerres de religion. Au point de vue linguistique, Vière et la campagne diffèrent du bourg. —A Vière et à la campagne, la population est moins flottante, plus indigène, moins en contact avec les étrangers, et conserve les vieilles formes. Le bourg est habité par l'aristocratie du pays: curé, notaire, juge, receveur, percepteur, greffier, médecin, maître d'école. Siège des diverses industries qui amènent en son sein des éléments étrangers : boulangerie, cordonnerie, épicerie, radeaux, minoterie, scierie, cafés, etc., le bourg a moins conservé les formes primitives et autochthones; son langage se rapproche de celui d'Aix, quelquefois de celui d'Arles, et se gâte par des gallicismes dus à la lecture des journaux. Le langage de la Baume, population exclusivement agricole, oscille entre celui de Vière, de la campagne et du bourg. — Je n'écris absolument que les lettres qui sont prononcées.— Sauf cela, l'orthographe est félibresque.

A L'OUCITANIÈ

—

TOST POUSTUME DE FOURTUNA PIN

—

Te salùdou, o belle Oucitaniè, teare toujou ama des ciou, te salùdou !
Rècebe mes febles oumàgis.

De que cousta que vire mes uès, tou retentiche de tes louàngis ;
es par tu que les Roumen neigligeron la feartilè Ousouniè ; es par ses
soîns que veguéres se dressa din tu une nouvéle Roume. La douçour
de toun clima faguè abandouna es Arabes soun urousè patriè. Qued'es-
fors fèguéron pas les Cimbres, les Tutons, les Gots e tan d'autres
poples barbares par te counqueri ! Clovis e Charle-Martéu t'an regarda
coume lou pu béu pris de ses vitouàres.

Que dirai de tes prouducien ? Tes fluves tirasson l'or ; nous proudi-
gues les turcouàses, l'albàtrè e de marbre pu béu qu'aquéu de Paros ;
tes riches pasturàgis soun curbis de troupéu de tout' espèce ; les pu
béllé meichon jòunichon tes campàgnés ; enfin toun teritouàre nous
fourniche de frui dèliciou e de vins pu esquis qu'aquéles de Faleàrnè
e de Mèssiquè cantas par Ouràce.

Mai, en parlan de tes richésses, es que pourriou oublida les grans
omes en qu as douna lou jou ? La France te déu ses pu celèbres ma-
gistrat, ses gueries les pu distingas, e les óutours don se vànte lou
mai. Vous n'en prénou a temouï, Antounin, Reimoun, e toutes vaoutres,
omes ilustres que vous glourifias de l'aguè par patriè. Mairè des ar, sa-
bes vincre e proudnire de Troubadoursque canton tes conquètès. Les pu
béu mounumen embelichon tes cita. Enfin, que pourrai ajusta, quant an
di que, si Diou vouiè abita la teare, seriè tu que chòusiriè par l'ista.

Teare fecoundè en erós, en tresor, en tou ce que pouè rendre la vidè
agreàble, nouvéu Eden, te salùdou !

Traduit en dialecte dignois, par D.-S. HONNORAT,
de plusieurs sociétés savantes.

2

A L'OUCITANIÉ

Tè salùdou, bello Oucitanié, terro toujou ama dóu ciel, te salùdou ! Reçau mes pichots oumagis.

De que cousta que regarde, tout brounziche de tes louàngis. Es par tu que les Roumans negligéron la richo Ousounio ; es par son prefa que veguéres dins tu uno nouvello Roumo. Agroumandis par la douçour de toun souréu, les Arabes leichéron soun urouso patrio. Qu'esforts faguéron pas les Cimbres, les Tutouns, les Goths e tant d'autres poples barbares, par te counquista ! Clovis e Charles-Martéu t'au regarda coumo lou pus béu pris de ses vitòris.

Que dirai de ce que ta terro coungruè? Tes flùvis roulon d'or ; nous dounes à boudres de turcouasos, d'arbatre e de marbre pus béu qu'aquéu de Paros. Tes druds pasturgàgis soun plens de troupéus de touto mèrço ; les pus bellos meichouns jaunichon tes champs ; enfin, toun terradou nous pouerge de fruits melicous e de vins pus ecelènts qu'aqueles de Falèrno e de Massico cantas par Ouràci.

Mai, en parlant de ta drudiero, pourriéu-ti oublida les grands omes qu'as crea? La Franço te déu ses pus célèbres jùgis, ses sourdats les pus valènts, les escrivans que n'es la pus fiero. Vous prénou à temoui, Antounins, Raimounds e vautres toutes, omes ilustres que sias fièrs de l'agué par patrié. Maire des arts, sabes trioumfa e proudurre de troubadours que canton tes vitòris. Enfin, que pourriéu ajusta, quand an di que, se Diéu vourié abita la terro, serié tu que chausirié par li viéure.

Terro richo en eros, en trésors, en tout ce que poué rèndre la vido agreablo, nouvèl Edèn, te salùdou !

Lou felibre de Coussoun.
GORDE.

(Parla de Digno-Sièyes.)

NOTA. — Les veillards des Sièyes emploient encore l'article *tous*, remplacé généralement aujourd'hui par *les*.

A L'OCCITANIO

TOST POUSTUMO DE FOURTUNÉ PIN

Perle Castelanese

Te salùdou, o bello Occitanio, terro toujou eimado dou ciel, te salùdou !

Recebe meis estimos, valou pas tei meritis. De quau cousta que me virou, me dien de bèn de tu.

Quand te vegueron, lei Rouman leisseron esta lei champ benesis de l'Ausonio ; leis as vist à l'obro, aquéleis Rouman ; as vist coume au sachu tira parti de toun tarren ; au fa sourti de toun sen uno nouvello Roumo.

Enubrias de toun climat tant dous, leis Arabes, dins soun peïs, agueron plus patienço e s'enaneron devers tu.

Coume an susa lei Cimbres, lei Teutons, lei Goths e tant d'autres poples souvàgis, afin de t'aganta !

Clovis e Charle-Martéu an soustengu que lou pu bèu jou de sei vitouaro fougué lou jou que te rouberon.

Pourriéu-ti coumta tei richessos ? Tei ribieros tirasson l'or ; nous pouerges sènso mesuro la tarcouaso, l'aubatre e lou maubre pu fignoula qu'aquéu de Paros ; d'escaboue de touto sorto blanquejon sus tei vèrto mountagnos ; lou blad madur dauro tei champ ; enfin, toun tarren adus de tout, adus lei fruis delicious e lei vin pu goustous que lou vin de Falerno e de Massicó canta pèr Ouraço.

Es pas tout aqui, sies pu richo encaro. Pourriéu-ti oublida lei grands omes neissus din teis oustans ?

La Franço te dèu sei premiés magistrats, sei capitànis lei pu famous, lei savènts qu'an fa lei pu bèu libres. Vous prénou pèr témoins, Antounins, Raymounds, e tóutei vautres, omes de tèsto, que vous vantas d'èstre leis enfants d'uno talo patrio ?

Occitanio, o mairè deis arts ! sabes abeissa leis enemis e as pa besoun, pèr canta tei vitouaro, d'ana cerca de troubadours en defouero de toun pople.

De-long dei boulevards de tei vilos, l'on vé lei pu bèu mounuments.

Après acò, qu'ajustarai ? Rén de tout, pusqu'an di que, si jamai lou bouen Dièu avié l'idéio de sourti dou ciel, te chousirié pèr soun palai.

Adounc, o terro benesido, mairè dei grands esprits, terro pleno de tresors, ramplido de tóutei leis agramens de la vido, nouvèu Paradis, te salùdou !

L'abat Boncançon.

A L'OUCITANIA

SANTÈ POUSTUMA DÈ FOURTUNÉ PINI

Té salùou, ó bella Oucitania, tearra toujou eimaou dou ciel, té sa-
lùou ! Récébé mous foibles hòumagés.

Dé qué caïré que poarté mous uas, tout resclanti dé tas louangeas.
Es par tu que lous Roumains féroun pas cas de la druda Oùsounia ;
es par sous souins qué véguérés se dressar au mitan de tu una nou-
vella Rouma.

Gagnas par la douçour de toun climat, lous Arabés abandounéroun
soun hurousa patria.

Qu'essforts féroun-t-i pas lous Cimbres et lous Tutouns, lous Goths
et tant d'aoutrés poplés barbarés par té counquistar !

Clovis et Charlé-Martèou t'an régarda couma lou pu bèou près de
sas victorias.

Que diri de tas prouductians ? Tous fluvés rogoun d'or ; nous pro-
digués la turcouasa, l'alabastré, et de marbré pu bèou qu'aquéou dé
Paros. Tous gras pasquias soun tapas d'escabouas de touta espèce.
Las pu bellas meichouns jaounichoun tas campagnas. Enfin toun tar-
rairé nous fourniché de fruits delicioux et de vins mai récéarcas qué
aquélous de Falerna et de Massiqua chantas par Horace.

Mais, en parlant dé tas richessas, poudriou-t-i eichubliar lous grans
hommés qu'as prouduch ?

La França té déou sous pu célébrés magistrats, sous garrias lous
pu distingas et lous oùtours qué sé n'en vauta lou maï. Vous n'en
prénem à témouins, Antounins, Réimonds et vaoutrés tous hommés il-
lustrés qué vous glorifias de l'aguer par patria !

Maïré das arts, sabés vincré et prouduire dé troubairés qué chan-
toun tas conquétas.

Lous pu bèous mounuments décoroun tas villas.

Enfin qué que poudriou ajustar, quand l'o a dich que, si Dieu vou-
dria habitar la tearra, séria tu qué choùsiria par l'istar ?

Tearra fécounda en héros, en trésors, en tout cè que pua ren-
dre la vita agréabla, nouvèou paradis tarrestré, té salùou !

Traduch en parlar d'Arouas (d'Allos)
par l'abbé Millou.

A L'OUCITANÌO

Iéu te salueu, o bella Oucitania, terra toujout amà dou ciel, te salueu ! Reçaupe mes febles oumàgis. De que coustà que pouerti mes ués tout restantis de tei louàngis. Es per tu que lei Roumèns negligéron la fartila Ousounia, es per lour suens que veguèrei s'eilevar din toun sen una nouvella Rouma. Seduch pèr la douçour de toun climat, les Arabes abandounéron lour urousa patria ! Quntes esfors fèron pai lei Simbres e les Tutouns, lei Goths e tant d'autres pùplei barbares pèr te counquerir ! Clouvis e Charle-Martèu t'an arregardà couma lou pu bèu près de lour vitouaras. Que dirèi de tes prouduciéus ? Tes fluves charrien d'or ; nous proudiguei la turcouasa, l'arbatre e de marbre pu bèu qu'aquén de Paros ; tei riches pasquiei soun cubèrts de troupéus de touta espèca (mèrça) ; les pu bèllei meissoui jòunisson tes campagnas ; anfin toun terraire nous fournis de frucha deliciousa e de vis pus esquis qu'aquélei de Falèrna e de Massique chantas par Ouraça. Mès, en parlant de tei richessas, es que poudriéu eissubliar lei grands omes qu'as prouduch ? La França te déu ses pu celèbrei magistrats, sei guarriei les pu distingàs, e les outours dount se vanta lou mai. Vous en atéston, Antounis, Reimous e vous autres touts omes ilustres, que voui glourifià de l'aguer pèr patria ! Maire des arts, sàbei vincre e proudure de troubadours que chanton tes counquétas. Les pu bèus monuments decoron tei citàs. Anfin que pouirèi ajustar daboque an dich que, si Dieu vourié abitar la terra, sarié tu que desirarié per sujour ?

Terra fecounda en eros, en tresors, en tout cè que pouo rèndre la vita agreabla, nouvèl Eden, iéu te salueu !

Traduit par l'abbé F. PASCAL.

(Parler de l'Espine*.)

N.-B. — Les lettres en italique ne se font pas sentir en parlant.

* Nous avons cru rester dans la vérité historique en comprenant au nombre des dialectes provençaux les parlers du Gapençais et de l'Embrunais, qui ne sont devenus dauphinois que par un remaniement politique contre lequel protestent leurs traditions.

A L'OUCITANIÉ

Iou te saluou, o bello Occitanié, terro toujout amn dóu ciél, te saluou! Recebe mes fébles oumàges. De que cousta que viri mes ueu, tout retentis de tei louanges. Es par tu que lei Roumans negligèroun la fartilo Ausounié. Es par lour suens que veguerei s'eleva dinc toun sen uno nouvello Roumo: Charma par la douçour de toun climat, les Arabes abandounéron lour urouso patrié. Qu'esfort feroun pas lei Cimbres, les Tutouns, lei Gots et tant d'autres puplei barbares, par te counquerir! Clovis et Charle-Martèu t'an regacha coumo lou plu bèu prés de lour victouaró. Que dirai de tes proluciouns? Tei rebièros barouloun l'or; nous proudigues la turcouaso, l'albatré et de marbré pu bèu qu'aquéu de Paros. Tei riches paqueiràgis sount cubèrts de troupèu de touto mèrcio. Les plu bellos meissous jounissoun tes campagnos. Anfin toun terri touaro nous fournis de fruis delicious et de vis plus esquis qu'aquelei de Valèrno et de Massique chantas par Ouraço. Mes, en parlant de tei richessos, pourrai jamais essublia lei grans ommes qu'as prouduit. La Françó te déu ses plus celèbrei magistrats, sei guerries lei miei distinguas et les outours dount ello se vanto lou mai. N'en atestou Antounin, Raimound et vous autres touts omes ilustres que voui glourifia de l'avé par patrié. Maire des arts sàbes vincre et prouduire de troubadours que chanton tes counquetos. Les plus bèu mounuments decoron tei citas. Anfin que pouriou ajusta, quant oun a dich que Diou, si vourié abita terro, sarié tu que chousirié par demuro?

Terro fertilo en erós, en tresors, en tout ce que pou o réndre la vito agreablo, nouvèu paradis, iou te saluou!

Charles GONDRE.
Elève du collége de Gap [1].

(Dialecte de Veynes (Hautes-Alpes).

---

[1] Nous avons le vif regret, au moment de publier cette version, d'apprendre la mort du jeune et intelligent traducteur. C'est son compatriote et condisciple Théodore Dousselin qui a corrigé l'épreuve de ce travail.

A L'OCCITANIO

Te salùou, o bello Occitanio, terro toudjourt ama dou ciel, te salúou! Recebe mes pitchouns ommàdjis.

De que caire que pouorti meis uerts, tout fai entendré teis louandjes. Es pèr tu que les Roumans neglidjèront la fertilo Ausounio ; es per lour souens qu'as vist s'eslevar din toun sen uno nouvello Roumo. Pres pèr la douçour de toun climat, leis Arabos an abandouna lour eirouso patrio.

Qu'eforts n'an pa fach les Cimbres, les Teutouns, les Goths et tant d'autres puples barbaros, pèr te counquerir! Clouvis embe Charle-Martèu t'an regarda coumo lou plus bèu pres de lours victouaros.

Que dirai de tes prouduciouns? Tes fluves couolount l'or ; nous adusés la tourcouaso, l'albatro e du maubre plus bèu qu'aquéu de Paros. Tes ritches pras soun cubèrts de troupèns de touto espèço ; les plus bellos meissouns djounissont tes campagnos ; anfin toun territouaro nous fournis des fruits delicious et de vins plus bouons qu'aquéus de Falèrno et de Massiquo chantas pèr Ouraço.

Mai, tout en parlant de tes ritchessos, pourai oubliar les grands omes qu'as douna? La Franço te dèu ses plus celèbres madgistrats, ses guerriers les plus abiles et les autours dount se vanto lou mai.

Prénou pèr temouin Antounin et Raimound, et vous toutchs omes ilustres que vous glorifia de l'aver pèr patrio.

Maire des arts, sabes ganiar et dounar de troubadourts que chantont tes conquetos. Les plus bèus mounuments embelissont tes vilos Anfin que pourai encaro dire, sincò un a ditch si Diou voulió restar sur la terro, te preferarió eis autres naciouns.

Terro fecoundo en grands omes, en tresorts, et en tout ce que pouò rèndre la vito eirouso, secoundo Eden, te salùou!

Oscar Brun,
Élève de 4ᵐᵉ au collége de Gap

(Dialecte de Guillestre (Hautes-Alpes).

A L'OCCITANIO

A te salùouc, o bello Occitanio, terro tejourt eima dei ciel, à te salùouc! Receip mous féibles oumages.

De quaique caire qu'a pourte mous uis, tout retentich de tes louanges. Leis pre tu que li Rouméns negligèront la fertile Ausanio : leis pre lous suegnes que tu as vist s'eilevar dedins toun sen uno nouvello Roumo. Seduch pre la douçour de toun climat, lis Arabes abandouneron lour eirouso patrio. Quaiques esfouers que firont pas lis Cimbres, li Tutouns, li Gouts et tant d'autres puples barbarés pre te counquerir! Clovis et Charle-Martel t'an regarda coumo lou plus bèl prés de lours vitouaro.

Que dirèi qu'io de tes prouduciouns? Tous fluves roulont d'or, tu nous proudigues la turquouaso, l'albatro e de marbre plu bèl qu'aqueil de Parouas : tou riches pasturages sount cubèrts de troupèus de touto espèco, les plus belles meichouns jaunisson lès campagnes ; anfi toun territouare nous fournich de fruis delicious et de vins plus esquis qu'aquous de Falèrno et de Massico chantas pre Ouraço.

Me, in parlant de tes richeisses, pourrèi qu'io eichubliar li grans omes que tu as prouduch!

La Franço te duou sou plus celèbres magistras, sou guerriers li plus distingas et lis outurs dount i se vento lou mai. A vous in attestou, Antounins et Raimouns, et vous autres tuches, omes ilustres que vous giourifia de l'aveir pre patrio. Maire dis arts, tu sabes vencre et produire de troubadours qui chantont tes conquètes. Li plus bèus mounumens decouront tes citas. Enfin que pourrèi qu'io ajustar qu'an tun a dich que, se lou Die vourio abitar la terro, la serio tu qu'a chaous pre demuro.

Terro fecoundo en eros, en tresors, en tout ce que pouò rendre la vito agreablo, nouvello Eden,

A te salùouc!

François ALBERT,
Elève du collége de Gap.

Patois d'Arvieux-Queyras (Hautes-Alpes).

A L'OUCCITANÌO

Te salùou, ò bello Ouccitanìo, terro toujour aima dei ciel, te salùou ! Receb mes febles houmàges.

De queique caire que vire li oeils, tout retantis de tes louanges. Lei pre tu (*ou à causo de tu*) que li Roumans blandéroun pa la fertilo Ausonio : lei pre lours soins que veiguéres se dreissar dins toun senc uno Roumo nouvello. Enganas pre la douçour de toun climat, li Arabes abandounéroun lour heirouso patrio. Qu'esfoèrsses li Cimbri, li Tutouns, li Goths et tant d'aoutres puples barbàres faguèroun-li papre te gagnar ? Clovis et Charle-Martel t'an regarda coumo lou plus bel prés de lours victoirés.

Que direi-qu'iou de tes prouductiouns ? Tes fluves charrioun d'or ; tu nous proudigues la turcoiso, l'albatre et de marbre plus bel qu'aquel de Paros : tes riches pasquiers soun cuberts de troupéous de touto sorto ; les plus bellés meichouns jaunissoun tes campagnés ; anfin, toun territòri nous fournis de frùcho deliciouso e de vins bèn meliours qu'aquéli de Falerno et de Massico qu'Houraço a chanta.

Mè, en parlant de tes richessés, pourriou-qu'iou eichubliar li grants hommes que as prouduchs ? La Franço te déou ses plus celèbres magistrats, ses guerriers li plus distingas, et li auturs que s'en vanto lou mai. Vous prénou à temoins, Antounins, Reymounds, et vous autres tuches, hommes ilustres, que vous glourifia de l'aver pre patrio ! Maire de li arts, sabes vencre et prouduire de troubadours que chantoun tes counquètés. Li plus bèous mounuments garnissoun tes villés. Anfin que pourriou-qu'iou dire de mai, quant an dich que, se Diou vourió habitar la terro, la sarió tu que chòusirió pre demuro ?

Terro fecoundo en heros, en tresors, en tout ço que pouo rèndre la vito agreablo, nouvèl Edèn, te salùou !

(Traduit en dialecte de la vallée du Queyras, arrondissement de Briançon, département des Hautes-Alpes, par le docteur CHABRAND).

AME

A L'OCCITANÌO

—

TOSTE POUSTUME DE FOURTUNÈ PIN

Trabuca en vers

Par Isidore Long, de Peiravèrd (Basses-Alpes)

———

Salut! bèu Lenguedoc, ravissènto countrado
    Que toui lei vèspre lou souréu
Cuerbe de ses caresso, e te tèn embrassado,
    Fiho gastadó dóu bouen Diéu!

Salut! trei fei salut! que ma vouas eibandido,
    Se mescle au councert ravissant
Qu'esclantis de partout, coumo uno imno benido,
    A la fiho dóu Tout-Puissant!

Que feron lei Roumen de la bello Ousonìo?
    Par tu la leisseron en plan!
E, lèu-lèu, par afin d'óublida sa patrìo,
    Dreisson Narbouno su tei flanc.

Les Arabe, seduit par ta charmanto mino,
    Quiton soun païs bènurous;
Enfants, fihos, garriés, vers tu tout s'acamino,
    Creson toun climat lou pus dous.

Lei Cimbre carnassié, piei les Teuton avare,
    Qu'en gis d'endré poudien ista,
Fan tout, coumo lei Gots, autre pople barbare
    Par afin de te counquista.

Clovis, Charle-Martèu, qu'amavon tant la glòri,
    Jitènt les uèi su ta béuta,
Creson culi lou fruit de tóutei sei vitòri,
    Se su toun sen pouon s'emplanta.

Que tes prouduit soun bèu! s'en vei de touto mèrço,
    Es un veritable tresor;
Tei riéu, gros e pichoun, jeton dins lou counmèrço
    De groi mouroun de sablo d'or!

La tourcouaso e l'albatro, à tei richei carriero
    Qu que li vai, cargo à gogò;
Miès qu'aquéu de Paros, toun marbre a 'no lumiero
    Que voui darié lou vartigò.

Dins tes plano, vesès, coumo sus tei mountagno,
    Boundi, soutriha de troupèu;
Les plus bèllei meissoun recuerbon tes campagno
    D'un tapis d'or, e des pu bèu.

Toun tarraire fournis, par l'eisanço publico,
    De fruit requist, delecious;
E de vin que tèn tèsto au Falèrno, au Massico,
    Qu'Ouràço a rendu tant famous.

En que bouen tant parla dei brihàntei mervèiho
    Qu'espandisson soui toun soulèu?
Tei grands ome seran ta glòri sans parèiho
    E toun merite lou pu bèu.

Nous as douna la floui de la magistraturo,
    De generau dòu premié grun,
Fouesso outours distingas, e de touto naturo,
    Qu'en ses trata cregnon degun.

Antounins, levè voui; Reymounds, dreissèi la tèsto.
    Pouèto, ouratours e guerrié,
E vautres escrivans, que voui fès tóutei fèsto
    D'èstre neissu dins sei fouié!

Bèn que mèro des arts, sàbei faire la guerro;
    Que de vitòri as rempourta!
E fas, à voulountà, surgi, dedin tei terro,
    De troubadour par les canta.

De richei mounument tei villo decourado
    Noui rapèlon lou Pople Rèi...
Dian pa mai; citarèn, par feni, la charrado
    Qu'esprimo un espouar sans parèi:

« Diéu, se quauque bèu jour venié sus nouesto terro,
   » En li venènt, se chòusissié,
» Prendrié lou Lenguedoc, subran, par soun parterro
   » S ou paradis s'embounissié ! »

Guarrié, tresor, as tout... siés païs de coucagno !
   Ço que lou bèn-èstre a par but
Se trovo dins tei riéu, tes plans e tei mountagno ;
   Nouvèl Edèn, trei fei salut !...

(Dialeito de Peiravèrd)

A L'OCCITANIO

—

BRINDE REVIRA DÓU FRANCÉS DE FORTUNÈ PIN
EN PARLA DÓU REVEST DEI BROUSSO

Par D. Signoret, felibre mantenèire, decan d'Ouresoun

———

Iéu te salude, o bello Occitanio, terro sémpre amado dóu ciel, iéu te salude !

Recebe meis úmbles óumàgi. De que caire que regarde, tout resclantis de tei louvange.

Es par tu que lei Rouman leisseron la vertadiero Ausounio ; es par sei suen que veguérei s'óuboura, au mitan de tu, uno nouvello Roumo. Afouli par la douçou de toun climat, les Arabes abandouneron soun urouso patrio.

Que de mau se douneron-ti pas lei Cimbre, les Tetoun, lei Got e tant d'autres pople par te conquista! Clovis e Carle-Martèu t'an regarda coumo lou pu bèu prei de sei vitòri. Que dirai-ti de tes prouducien ? Tei flume tirasson d'or, noui dounei mai que mai la turcouaso, l'aubatro e de mabre fouesso pu bèu qu'aquéu de Paros ; tei riches pasturgàgi nourrisson de troupèu de touto meno ; lei pu bèllei meissoun roussejon dins tes plano coumo su tes óuturo ; à coupa court, toun tarradou noui fournis 'na frucho sabourouso e de vin pu celènt qu'aquéu de Falèrno e de Massico canta par Ouraço. Mai, en parlènt de tei richesso, pourrai-ti oublida lei grands ome que soun na su toun tarraire ? La Franço te dèu ses pu celèbre magistrat, sei garrié les pu distinga e les escrivan dounte se vanto lou mai. Vous prene en provo, Tounin, Ramoun, e vàutrei tóutes omés ilustre que voui fèi glòri de l'agué par patrio. Maire des arts, sabes agué la vitòri e piei espeli de troubaire par canta tes counquisto. Les pu bèu mounnument decoron tei ciéutat. En fin finalo, que pourriéu-ti enca dire, quand es istaprouclama que, se lou bouen Diéu voulié veni abita 'n aquest mounde, sarié su toun tarraire que s'establirié.

Terro vertadiero en eros, en tresor, en tout ce que pòu rèndre la vido galoio, nouvèu paradis terrèstre, iéu te salude !

D. SIGNORET.

Sant-Michèu, lou 8 de mai de 1883.

A L'AQUITÀNI

—

BRINDE DE FORTUNAT PIN, REVIRA DÓU FRANCÉS EN PARLA SANT-ANADEN

Pèr Legier de Mestr'Eymo, dei Prouvençaliste

——

Salut, bello Aquitàni, terro astrado, salut !

De que caire que pouarte la visto, tout clantis de tei glòri.

Pèr tu lei Rouman deleisseron l'Ausounié vertadiero ; bastisseron din toun terraire uno nouvello Roumo. Alisca pèr la miscour de toun auro, lei Mòurou quiteron soun urous terraire.

Que d'esfort feron pas lei Cimbre, lei Tudesque, lei Got e tant d'àutrei pople, pèr te counquista! Clovis e Carle-Martèu t'an presa la pu caro de sei vitòri.

Que dirai de tei prouducien ? Tei flume miraion l'or ; nous proudigues la turcouaso, l'arbastre et de mabre pu bèu que Paros.

Tei paisse erbòus soun cubert de troupèu de touto meno(vo mèrço); lei pu bèllei meissoun roussejon tei planas ; toun terraire maduro de fru sabourous e de vin pu calourènt que Falèrno e Massique canta pèr Oraço.

Mai, enaurant tei richesso, pourriéu oublida leis ome d'elèi enaura de toun sen ?

La Franço te déu sei grand jùgi, sei capitàni pu valènt, e sei mai vanta felibre. Temoui leis amperour Adrian, lei valènt comte Ramound e tóutei vautre que fès gloi de l'agué pèr patrìo.

Maire nourriço deis art, sabes counquista, e sabes prouduire lei troubaire pèr canta tei vitòri.

Lei pu flame mounument decoron tei ciéuta.

Que pourriéu enfin mai cerca, quand s'ei di que se lou segnour Diéu voulié abita la terro, sarié tu soun sejour benesi ?

Terro nourriço deis engèni, pounderouso de tresor e de ço que mai encanto la vido ; terro paradisenco, salut !

En Ate, lou 9 de mai 1883.

3

A L'OUCITÀNI

—

—

Te salude, o bèu pèïs de dela Rose! terro de longo amado dóu bouan Diéu, te salude! T'agrade ma brigo d'óumage.

De qunto man que me touarne, clantis un resson que te lauso.

Ei pèr tu que lei Roumen negligenteron soun Italio tant fegoundo; ei pèr sei souei que vegueres s'óuboura entre mitan de toun terraire uno nouvello Roumo. Agroumandi pèr la douçour de toun climat, lei Mòurou leisseron ista soun urouso patrio. Que feron pas Cimbre, Téutoun emai Got e tant d'àutrei nacien fero, pèr te prene? Clouvis e Charle-Martèu t'arregarderon coumo la pu bello joio de sei vitouaro. Que dirai de tei prouducien? Tei riviero tirasson d'or. Nous baies, n'en vouas n'en vaqui, de pèiro tuerco, d'arbatre, em' un marbre pu bèu qu'aquéu de Paros. Tei pasturgage ufanous soun clafi de capitau de touto meno. Tei champ roussejon de meissoun mai que courouso. Anfin toun sòu nous semounde de frucho qu'es un delici, e de vin qu'à soun respèt fòu parla ni dóu Falerno ni mai dóu Massique qu'Ouràci cantavo. Mai, d'abord que n'en sian à tei richesso, pourriéu-ti leissa de caire lei grands ome qu'as ananti? Ei tu qu'as baia à la Franço sei pu famous magistrat, sei garrié lei pu flame, e leis óutour que s'en avanto lou mai. Vous n'en voualè pèr temouei, Antounin, Reimound e tóutei vautre que vous glourifièa d'èstre neissu d'elo!

Maire dei bèus-art, sabes gagna de bataio e fa 'speli de troubaire pèr lei canta. Lei bastisso lei mai requisto abelisson tei vilo. Fin finalo, que pourriéu apoundre de mai, istènt que s'ei di que se, pèr cas, Diéu voulié abita eiçavau, ei tu que chóusirié pèr demouaro.

Rode proudigou d'ome de la bouane, de tresor, de tout ce qu'agrado dins la vido, nouvèu paradis d'Adam, te salude!

Revira en parla san-savournian, emé l'ajudo de la souarre de l'óutour, pèr

A. DE GASNAUD.

A L'OUCITANIO

—

SALUT POUSTUME DE FOURTUNA PIN

—

Te salude, o bèlo Oucitanio! terro sempre amado dau cier, te salude! Reçaup mi feblis oumage.

De quute cousta que porte mis iue, tout restounti de ti lausange. Es pèr tu que li Rouman negligerounla fertilo Ausounio; es pèr si siun que veguères s'auboura dins toun sèn uno nouvèlo Roumo. Seduit pèr la douçour de toun climas, lis Arabe abandounèroun soun eronso patrio. Quutis esfor faguèron pas li Cimbre, li Teutoun, li Goth, e tant d'autri pople barbare, pèr te recounqueri! Clouvis e Carle-Martèu t'an regarda coume lou pu bèu près de si vittori.

De que dirai de ti prouduit? Ti fluve carrejon l'or; nous proudigues la turqueso, l'albatre e de marbre pus bèu qu'aquèu de Paros; ti riche pasturgage soun couvert de troupèu de touto meno; li pus belli meissoun jounisson ti campagno; enfin toun terraire nous fourni de fruit delicious e de vin pus esquis qu'aqueli de Falerno e de Massiquo canta pèr Ouraci.

Mai, en parlant de ti richesso, poudrieu-t-i oublida li grands ome qu'as prouduit? La Franço te dèu si pus celèbre magistra, si guerrié li pus distingua e lis autour di quau se vanto lou mai. Vous n'en attèste, Tounin, Rimound e vautri touti, ome illustre, que vous fasès glori de l'avé per patrio. Maire dis art, sabes doumta e prouduire de troubadou que canton ti counquèto. Li pus bèu mounumènt decoron ti cieuta. Enfin que proudrieu ajusta quand an di que, se Dièu venié abita la terro, sarié tu que chausirié pèr demoro?

Terro fecoundo en eros, en tresor, en tout ce que pòu rèndre la vido agreablo, nouvel Edèn, te salude!

AUTHEMAN.

(Dialecte de l'Isle.)

A L'OUCITANÌO

Te salude, o bello Oucitanio ! terro sèmpre amado dóu bon Dieu, te salude ! Reçaup mi fèblis óumage.

De quete rode que vire mis iue, tout resclantis de ti lausènjo. Es pèr tu que li Rouman negligèron la fertilo Ausounio ; es pèr si siuen que veguères s'auboura dins toun sen uno Roumo nouvello. Enfada pèr la douçour de toun climat, lis Aràbi abandounèron soun urouso patrio. Quétis esfors faguèron pas li Cimbre, li Téutoun, li Got, e tant d'àutri pople barbare pèr te counquerri ! Clóuvis e Carle-Martèn t'an regarda coume lou pus bèu pres de si vitòri.

Que dirai de ti prouducioun ? Ti flume barrulon l'or, nous alargues la turquèso, l'alabastre e de maubre pus bèu que lou de Paros ; ti riche pasturgage soun clafi de troupèu de touto meno ; li pus bèlli meissoun daurejon ti campagno ; enfin toun terraire nous baio de fru delicious, e de vin mai afanous qu'aquéli de Falerno e de Massico canta pèr Ouràci.

Mai, en parlant de ti richesso, poudriéu-ti óublida li grands ome qu'as proudu ? La Franço te déu si mai celèbre magistrat, si guerrié li mai destinga, e lis autour que se n'en vanto lou mai. Vous n'en afourtisse, Antounin, Reimound, e vàutri tòuti, ome ilustre que vous glourificas de l'avé pèr patrio ! Maire dis art, sabes vincre e proudure de troubaire que canton ti counquisto. Li pus bèu mounumen paron ti ciéuta. Enfin que poudriéu apoundre, quand avès di que se Dieu voulié abita la terro, sarié tu que chausirié pèr demoro ?

Terro fegoundo en eros, en tresor, en tout ço que pòu rèndre la vido agradivo, nouvèu paradis, te salude !

Teodor AUBANEL.

(Parla d'Avignoun).

A L'ÓUCITANIÉ

(BRINDE POUSTUME DE FOURTUNAT PIS)

Iéu te salude, o bello Óucitanié! terro toujour amado dóu bon Diéu, te salude! Reçaupe mi féblis óumage.

D'ounte que vire lis iue, tout restountis de ti lauvenjo. Es pèr tu que li Rouman leissèron trescampa la grasso terro d'Ausounié, e es doumaci éli que veguères dins soun sen uno nouvello Roumo s'auboura. Atira pèr la michour de toun climat, lis Aràbi abandounèron soun urouso patrio. Quàntis esfors faguèron pas li Cimbre, li Téutoun e li Got, e tant d'àutri pople barbare, pèr te counquista! Clouvis e Charle-Martéu t'an regardado coume lou plus bèu pres de si vitòri.

Que dirai de ti prouducioun? Ti ribiero carrejon d'or; nous largues la turqueso, l'alabastre, e de mabre plus bèu que lou Pàri; dins ti pasquié tepu s'arrapon, innoumbrable, de troupèu de touto meno; li plus bèlli meissoun fan rousseja ti champ; basto, toun terraire nous fournis à bèl èime de frucho delciouso, e de vin mai esquist qu'aquéli de Falerne e de Massique vanta pèr Ouràci.

Mai, en parlant de ti richesso, poudriéu-ti óublida li grands ome qu'enfantères? Te dèu, la Franço, si mai celèbri magistrat, si guerrié li mai egrègi, e lis autour d'ounte elo tiro lou mai glòri. Vous prene en testimòni, Antounin e Ramoun, emai vous-àutri, ome ilustre, que vous glourificas de l'avé pèr patrio! Maire dis art, tu sabes vincre emai proudurre de troubaire que canton ti counquisto. Li plus bèu mounumen embellisson ti vilo. Enfin, que poudriéu apoundre, quand aurai di que Diéu, se vouliè abita la terro, te chausirié tu pèr demoro?

Terro drudo en eros, en tresor, en tout ço que pòu rèndre la vido gaio e douço, nouvèu paradis, te salude!

Tradu en parla maianen pèr

F. MISTRAL.

AU LENGADÒ

Salut, o bèu Lengadò ! terro que Diéu amo longo-mai, salut ! Reçaupe moun umble óumage.

De quete caire que me vire, pertout restountisson li voues que t'enairon. Es pèr tu que li Rouman neglegiguèron la fertilo Ausounio ; es gràci à-n-éli que veguères, sus ta terro, uno nouvello Roumo s'auboura. Amourous de toun amistous climat, lis Aràbi abandounèron soun urouso patrio. Quant e quétis esfors faguèron pas li Cimbre, li Téutoun e li Got, e tant d'àutri pople barbare, pèr te counqueri ! De-longo sies estado, is iue de Clòvis e de Carle-Martèu, la mai preciouso de si vitòri.

Que dire de ti proudu ? Ti flume carrejon d'or ; nous largues à bèl èime de perlo fino e blouso, e d'alabastre, e de maubre pu bèu que lou maubre de Paros. De troupèu de touto meno trachisson dins ti gras pasturgage ; li blad rous daurejon dins ti plan. Basto ! toun terraire nous prouvesis de frucho deliciouso, e de vin mai requist que li de Falerne e dóu Massique, qu'Ouràci cantè.

Mai, amor que parlan de ti richesso, pode-ti oublida ti grands ome ? La Franço te dèu si mai ilustre magistrat, si guerrié li mai valènt, e lis escrivan que soun sa glòri e soun orguei. N'en sias provo e temouin, o Antounin, o Reimound, o tóuti vous, ome de bèu renoum, que sias tant fièr de l'avé pèr patrio ! Maire dis art, sabes vincre e coungria de felibre (?) qu'enausson ti counquisto. De mounumen mai-que-mai superbe decoron ti ciéuta. Finalamen i'a rèn à-n-apoundre après que s'es di que, se Diéu voulié abita sus terro, te chausiriè pèr abitacioun !

O terro fegoundo en eros, en tresor, en tout ço que pòu rèndre la vido agradivo, o nouvèu paradis de delice, salut !

J. ROUMANILLE, trad. (1).

(Parla de St-Roumié.)

Avignoun, 29 de nouvèmbre 1884.

(1) Me demandas soquéu reviramen « en prouvençau di jardin de St-Roumié, tau e quau » que lou parlavo Peireto de Piquet. » Vau acò faire. E sièn segur d'eicó : se Peireto, davans Diéu siegue ! me l'entèndié legi, quand l'aurai escri, me coumprendriè e n'en perdri pas un digout.

J. R.

A L'OUCITANÌO

Te salude, o bello Oucitanìo! terro toujour amado dòu ciel, te sa-
lude! Receve meis ùmbleis òumage.

De quente cousta que pouerte meis iue, ie vese de gènt que te lau-
son. Ei pèr tu que lei Rouman negligèron la fertilo terro d'Ausounìo;
eis éli qu'aubourèron dins toun terraire uno nouvello Roumo. Encanta
de toun dous climat, leis Aràbi abandounèron soun urouso patrìo.
Quénteis esfouert faguèron-ti pas lei Cimbre, lei Téutoun, lei Got, e
tant d'àutrei pople barbare, pèr te counquista! Clovis e Carle-Martèu
t'an regardado coume lou pus bèu pres de sei vitòri.

Que dirai de tei proudu? L'or barrulo dins ti flume, nous dounes
à boudre de pèiro preciouso retrasènt l'azur de toun ciel, nous dounes
l'alabastre, e de maubre mai requist qu'aquéu de Paros; de troupèu
de touto meno trapejon tei pàti endrudi; lei meissoun lei plus bello dau-
ron toun campèstre; toun terraire, enfin, nous fournis de frucho deli-
ciouso e de vin mai famous qu'aquélei de Falerno e de Massique,
qu'Ouràci cantavo.

Mai, en parlant de tei richesso, pourriéu-ti oublida lei grands ome
qu'as vist naisse? La Franço te dèu sei magistrat lei mai celèbre, sei
guerrié lei plus renouma, e lis escrivan que se n'en vanto lou mai. Vous
n'en prene à temoui, Antounin, Reimound, e vàutrei tòutei, illùstreis
ome, que vous fasès uno glòri de l'avé pèr patrìo! Maire deis art, sabes
gagna lei vitòri e enfanta peréu de troubadour pèr canta tei counquisto.
D'amiràblei mounumen embellisson tei ciéuta. Finalamen que pour-
riéu ajusta après qu'an di que, se Diéu voulié veni abita la terro, sarié
tu que chausirié pèr demouero?

O terro fegouado en eros, en tresor, en tout ço qu'agrado dins la
vido, o nouvèl Eden, te salude!

Tradu en dialeite de Malamouert

pèr ROSO-ANAÏS ROUMANILLE.

AMI

A L'OCCITANIA

—

BRINDE POSTUME DE FOURTUNÉ PIN

—

Ti salùdi, o bella Occitania! terra toujou aimada dau ciel, ti salùdi!
Recéu lu miéu feble òumage.

De que coustat que viri lu miéu ues, tout retentisse dai tiéu louange.
Es per tu que lu Rouman negligeron la fertila Ausonia; es per lu
siéu soin que vegueres creisse en lou tiéu sen una Rouma nouvela.

Seduch dai douçour dòu tiéu climat, lu Arabe abandouneron la siéu
uroua patria.

Quantu esfouor noun fagueron lu Cimbre e lu Teuton, lu Gots e
tant d'autre pople barbare per ti counquistà! Clovis, Carle-Marteu t'an
regarjada couma lou pu béu premi dei siéu vitoria.

E dai tiéu prouduch que nen dirai? Li tiéu ribiera reventouolon d'or;
nen proudigues la turquessa, l'alabastre e de marmo pu béu qu'aquéu
de Paros.

Lu tiéu ric pasturage soun cubert d'aver de touta mena; li meissoun
li pu belli endauron li tiéu campagna, e finalamen lou tiéu territori
nen fournisse de frucha deliciouï, de vin pu requist qu'aquelu de Fa-
lerne e de Massique cantat da Orace.

Ma'n parlant dai tiéu riquessa, noun pouodi òublidà lu tiéu grantome,
aquelu que tant largamen as prouduch. La França ti déu lu siéu pu
celebre magistrat, lu siéu sourdat lu pu distingat e lu autour que s'en
vanta lou mai.

Vous citi vous, Antounins, Raymound e vautre toui, ome illustre
que vous glourificas de l'avé per patria!

Maire deis art, sabes vincre e prouduire de troubadour per cantà li
tiéu counqueta.

Lu pu bei mounumen enriquisson li tiéu vila.

Enfin que pourrii dire de mai, quoura s'es dich que, se Diéu voulia
abità la terra, seria tu que chausisseria per lou siéu luec.

Terra fecounda dai erò, dai tresor e de tout ce que pòu rendre la
vida agreabla, nouvel Eden, ti salùdi!

Traduit en niçard par

A.-L. SARDOU

A L'OUCITANIO

Ti salùdi, o bello Oucitanio! terro toujou eimado dóu ciel, ti salùdi! Recebe mei febles óumage. De quàuquei coustat que pouàrti meis uei, tout retenti de tei louange. Es pèr tu que lei Romen negligeron la fertilo Ousounio ; es pèr sei souin que vegueres s'eleva din toun sen uno nouvelo Roumo. Seduit pèr la doussour de toun climat, leis Arabe abandonneron soun urouso patrio. Qu'efor feron-t i pas lei Cimbre, lei Tutoun, lei Got e tant d'autre pople barbare pèr ti counqueri ? Clori e Charle Martel t'an regardado coumo lou pu bèu pri de sei vitouaro.

Que dirai de tei producien ? Tei flove roulon d'or ; nous proudigues la turcouaso, l'arbatro e de marbre pu bèu qu'aquéu de Parò. Tei riche pasturage soun couvert de troupèu de touto espesso; lei pu bèllei meissoun jaunisson tei campagno ; enfin toun territouaro nou fournisso de frui deliciou e de vin mai esqui qu'aquélei de Falerno e de Massico canta pèr Ouraço.

Mai, en parlen de tei richesso, pourriéu-ti óublida lei grands ome qu'as proudui ? La Franso ti dèu sei pu celèbre magistrat, sei guerrié lei pu distinga e leis òutour doun si vanto lou mai. V'en atèsti, Antounin, Remound e vàutrei tóutei, ome ilustre que vou glorifiés de l'avé pèr patrio. Mèro deis art, sabes vencre e prouduire de troubadou que canton tei counqueto. Lei pu bèu mounumen decoron tei cita. Enfin que pourrion ajusta quand an di que, se Diou voulié abita la terro, serié tu que chòusirié pèr demouaro.

Terro fecoundo en erò, en tresor, en tout ce que pòu rèndre la vido agreablo, nouvèu Eden, ti salùdi !

Traduit en dialecte de Roquebrune-lès-Fréjus par

Mlle Marie BOYER.

À L'OUCITANÌO

Ti salùdi, oh bello Oucitanìo! terro en tout tèms eimado dóu ciel, ti salùdi! Recebe mei fèbleis óumage.

De que caire que pouàrti meis uei, tout restenti de tei lausange. Es pèr tu que lei Rouman leissèron de coustat la fertilo Ausonìo. Es gràci à-n-élei que veguères s'enaussa au mitan de tu uno nouvello Roumo.

Gagna pèr la douçour de toun climat, leis Arabe abandounèron soun urouso patrìo.

Que d'esfors an-ti pas fa lei Cimbre, lei Teutoun, lei Got e tant d'àutrei pople pèr ti counqueri! Clòvis e Charle-Martèu t'an regarda coumo lou plus bèu pres de sei vitòri.

Que dirai de tei prouducien? L'or rigouaro dins tei fluve; nous fas subra de turqueso, d'alabastre e de marbre plus bèu qu'aquéu de Paròs.

Tei pasturgage soun cubert de bestiàri de touto merço. Leis espigo dei plus bèllei meissoun jaunìen tei champ. E, pèr fini, toun terraire nous fournis de frucho delicìouso e de vin mai requist qu'aquélei de Falerno e de Massico canta pèr Ouràci.

Mai, en parlant de tei richesso, pourrai-ti óublida lei grands ome qu'as proudu? La Franço ti dèu sei plus celèbre jùgi, sei guarrié lei plus famous, leis autour dei quau si vanto lou mai.

O, v'atestas, Antounin, Raimound, e tòutei vautre, ome ilustre que vousfès glòri de l'avé pèr patrìo.

Maire deis art, sabes gagna de bataio e faire nèisse de troubaire que canton tei counquisto.

Lei mounumen lei plus bèu decoron tei cièuta.

Que pourrìou encaro ajusta d'abord qu'an di que, se Diou vourié abita la terro, serié tu que chausirié pèr li resta.

Terro fegoundo en celebrita, en tresor, en tout ce que pòu rèndre la vido urouso, nouvèu Paradis, ti salùdi!

Traducien en dialèite dóu Lu (Var).

A-z-Ais, lou 10 de Mai 1884.

Ernest AUBE.

A L'OUCITANIÉ

Te salùdi, o bello Oucitanié! terro toujour amado dóu bouen Diéu, te salùdi! Recebe mei fébleis óumàgi.

De que caire que vire meis uei, tout resclantis de tei lausengo. Es pèr tu que lei Rouman noun s'ensoucitèron de la fertilo Ausounié. Es bounadi élei que veguères s'emboura dins tu uno nouvello Roumo.

Gagna pèr la douçour de toun climat, leis Aràbi abandounéron soun urouso patrìo.

Que faguèron-ti pas lei Cimbre, lei Teutoun, lei Got e tant d'aùtrei pople fèr pèr te counquista?

Clovis e Carle-Martèu t'an regardado coumo lou pu bèu pres de sei vitòri.

Que dirai de tei prouducien? Tei flume barroulon d'or; nous alargues la turqueso, l'alabastre e de mabre mai bèu qu'aquéu de Paros; tei farràgi soun plen de troupèu de touto meno; lei pu bèllei meissoun dounon la coulour d'or à toun campèstre.

Enfin toun terraire nous pouerge de fru delicious emé dei vin mai requist qu'aquélei de Falèrno e de Massico, qu'Ouràci a canta.

Mai, en parlant de tei richesso, poudrièu-ti oublida lei grands ome qu'as coungreia?

As douna à la Franço lei magistrat lei mai celèbre, lei guerrié lei mai valerous e lei mai famous autour.

Va poudès dire, Antounins, Raimounds e tóutei vautre, ome ilustre que vous glourifica de l'avé pèr patrìo!

Maire deis arts, sabes vincre e enfanta de troubadour que canton tei vitòri.

Lei pu bèu mounumen ornon tei ciéuta.

Enfin que poudrièu-ti mai dire, quouro sabèn que, se Diéu voulié ista sur terro, sarié tu que chausirié pèr demouero?

Terro drudo en eros, en tresor, en tout ço que fa lou chale de la vido, nouvèl Eden, te salùdi!

Parla dei Milo vers Ais.

Traducien dóu Conse Hipp. Guillibert,
Secretàri de l'Escolo de Lar.

A L'OUCITANIÉ

—

BRINDE POUSTUME DE FOURTUNAT PIN

—

Salut, o bello Oucitanié !
Te salàdi, de Diéu terro toujour amado !
Pèr tu lausenjo e sinfounié :
En tout caire e cantoun te veguen aclamado.
De tant fasiés gau ei Rouman,
Sa fertilo Ausounié, coumo la deleissèron ;
Uno autro Roumo, de sei man,
Sus toun sòu benesi lèu que se bastissèron.
Gagna pèr toun climat tant dous,
Quitèron, leis Aràbi, uno urouso patrio ;
De pople gaire amistadous,
Lei Got, Cimbre, Téutoun, te voulien fa sa piho ;
E Clòvis, e Carle-Martèu
T'estimavon lou pres mai grand de sei vitòri.
Pièi, quinte abounde l'on te dèu !
Lei vian carreja d'or tei riéu 'mé sei bord flòri.
Pu bèu que lou Paros, pu bèu
As de mabre, as tambèn turqueso em' alabastre ;
E dins tei farrai, quant de pastre
Trèvon 'mé seis avé. Que nous fan gau tei blad,
Daurejant coutau vo planuro !
En tout lou terradou frucho d'eici, d'eila ;
As vin d'elèi, osco seguro,
De Falerne e Massico, e qu'Ouràci a canta.
Mai, en parlant de tei richesso,
Mau engaubia sariéu, pecaire, d'óublida
Qu'as agu d'ome de cabesso :
Sei guerrié proun famous, sei jùgi de renoum,
La Franço te lei dèu, n'es fiero,
E mai de bèn d'autour. Antounin e Raimound,

V'afourtrés, raço vertadiero
Que l'avès pèr patrio e n'en sias lei cepoun...
O maire deis art, triounflanto,
Manco pas troubadour pèr ta glòri canta,
E de mounumen n'as milanto
Bèn tóutei mai-que-mai, decourant tei ciéuta.
Basto, que poudriéu dire encaro,
Quand l'on saup que, se Diéu sejournavo eiçavau,
Apereici, fourtuno raro,
Farié sa demouranço au païs prouvençau.
Terro en eros jamai avaro,
As tóutei lei tresor, pèr la vido grand bèn :
Te salùdi, o nouvèl Edèn !

Tradu en dialèite de-z-Ais pèr
F. VIDAL.

Pandecousto de 1883.

A L'OUCCITANIO

TOSTE POUSTUME DE FOURTUNAT PIN

Ti salùdi, o bello Ouccitanio! terro sèmpre aimado dóu Ciele, ti salùdi! Recebe mei pichounets óumàgi.

De quau cousta que viri meis uci, tout restountis de tei louvàngi. Es pèr tu que lei Rouman delesseron la fertilo Ausounio; es pèr sei souin, pèr seis obre, que vigueres si dreissa dins tei plano uno Roumo nouvello.

Encanta pèr toun climat tant dous, leis Arabo abandouneron sa patrio benesido. Quant d'esfort fagueron pas lei Cimbre, lei Teuton, lei Goth e tant d'àutrei pople barbare pèr ti counquista!

Clovis e Charle-Martel t'an regardado coumo la plus bello joio de sei vitòri.

Que dirai de tei prouducien?

Tei riviero carrejon d'or; nous dounes à proufusien la turqueso, l'albatre, lou maubre mai bèu qu'aquèu de Paros; tei riche prat soun cubèrt de troupèu de tóuteis espèci; lei plus bèllei meissoun endauron tei campagno; enfin toun terradou nous douno de fru melicous e de vin mai esquis qu'aquélei de Falerno e de Massico canta pèr Ouraci.

Mai, en parlant de tei richesso, pourriéu-ti óublida leis grands ome qu'as proudu?

La Franço te dèu sei plus celèbre magistrat, sei guèrrié lei mai distinga e leis escrivan dei quau si fa la plus grando glòri.

Vous n'atèsti, Antounins, Raimounds, e vous tóuteis, omes ilustre que vous glourifias de l'agué pèr patrio!

Maire deis arts, sabes gagna, dins lei bataio, e sabes tambèn faire de troubaire que canton tei counquisto. Lei mounnument lei mai bèu embelisson tei vilo.

Enfin, que pourrièu apoundre quouro an di que, se Diéu voulié abita sus la terro, sarié tu que chausirié pèr demouero?

Terro fecoundo en brave, en tresor, en tout ço que pòu rèndre la vido agradablo, Eden nouvèu, ti salùdi!

Tradu en dialeite marsihés pèr

Alfred CHAILAN.

Marsiho, lou 1er de juhiet 1883.

4

A L'OUCCITANIO

Sus tei mountagno, la sapino
Dins lou marbre a tanca racino.
As de cièri tout fa de nèu.
Lou glas, quand vèn l'estiéu, coumo un mirau dardaio;
Mai trespiro à degout, e per lei vau s'endraio
Un flume proumte e roussinèu.

Dins tei plano, terro fecoundo,
Tout grèu trachis, tout gran aboundo.
Toun vin regounflo dóu veissèu.
As de blat tout coucha que brunisson lei rego,
E tei prat redoulent, sout lou dai que lei sego,
Embaimon la capo dóu cèu.

Teis enfant an renoum de glòri;
Soudart, counouisson que vitòri;
Cantaire, an poulidei cansoun.
Dins lei flour dóu jardin qu'a planta toun Isauro
Lei troubaire an nisa; tre lou matin s'enauro
Soun ramàgi dins lei bouissoun.

Bello que sies, lei calignaire
T'an pas manca; galant fringaire,
L'Aràbi es vengu dóu trelus;
Lou Scite ti voulié, mai lou Franc t'a gagnado;
Aro, dins soun palai, rèino, sies assetado.
Anen, digo, que ti fau plus?

Embiciouso, as uno espèro:
Se Diéu jamai venié sus terro
Emé seis angi vouladis,
Voudriès que dins tei champ prenguesse retirado,
E, tant bèu soun tei jour, tant puro tei vesprado,
Oublidesse lou Paradis!

Traduit par
G. DU CAIRE.

Marseille, le 6 mai 1883.

DAUPHINÉ

A L'OCCITANIO

Te salùou, ô bello Occitanio! terro toujour ama dou Ciel, te salùou!
Recebes mous febles oumages.

De que caire que pouortou mous ueis, tout retintit de tes louanges.
Es pèr tu que lous Roumains neglige
rount la fertilo Ausonio; es par
lours souins que veguères s'eleva din toun sein uno nouvello Roumo.

Sedus pèr la douçour de toun climat, lous Arabes abandounne-
rount lour eirouso patrio.

Quélous esforts firount pas lous Cimbres, lous Teutouns, lous
Goths et tant d'àutrous puples barbares par te counquerir! Clovis et
Charles-Martel t'en regarda coumo lou plus be prix de lours vi-
toires.

Que diriou de tes prouduciouns? Tous fluves roulent de l'or; nous
proudigues la turquouaso, l'albatre et de marbre plus bio qu'aquin
dou Paros; tous riches pasquiers sount cubarcelas de troupeus de
touto espèço; les plus belles meichouns jounissount tes campagnes;
enfin toun territouaro nous fournit de fruits delicious, et de vins
plus esquis qu'aquéus de Falerno et de Massico chanta par Ouraço.

Mais, in parlant de tes richesses, pourriou iòu oublia lous grands
omes que as prouduits? La Franço te déu sous plus celebres ma-
gistrats, sous guerriers lous plus distingas et lous outours dount elo
se vinto lou mai. Vous in certifiou, Antounins, Raymounds, et vous
tòutous omes ilustres, que vous glourifia de l'aver pèr patriè! Maire
des arts, sabes vaincre et prouduire de troubadours que chantount
tes counquetes.

Lous plus bèus mounumins decouorount tes cités. Enfin, que pour-
riou ajusta, lorsqu'un a dit que, si Diou vouriò abita la terro, ce sou-
riò tu que ie choisiriò pèr demuro.

Terro fecoundo in eros, in tresors, in tout ço que pouo rendre la
vito agreablo, nouvé Eden, te salùou!

Antoine GIRAUD,
élève du collège de Gap.

Traduit en dialecte de Val-Louise (Hautes-Alpes).

A L'OUCITANIA

Te salùou, ó bella Oucitania! terra toujout amaia dou Ciel, te salùou! Recebe mes febles oumàgis.

De que coustà que virous mes eus, retita à tes louangis. Est par tu que les Roumains en mesglijà la fertila Ausonia; est par lurs suins que veies s'elevar du toun sein une nouvella Rouma. Preindre par la douçour de tou climat, les Arabes abandounerou lurs urousa patria.

Que d'esfors faguerou pas les Cibres, les Teutouns, Gothes ai tant d'autres puples barbares par te couquerir! Clovis ai Charle-Martèu t'an regardà comme lou plus bèu pris de lurs victouaras.

Que dire de tes proudutiés? Tes fluves barulou d'or, nous proudigues la turquouasa ai l'albatre, de marbre plus bèu qu'aquéu de Parosa; tes riches pasturàgis touche cuberche de troupèus de touta espèça; les plus bellas maissouns jounissou tes campagnas. Enfin tou territouara nous fournis de fruit delicious a de vis plus bouans qu'aquelles de Falerna et de Massica chantàs par Ouraça.

Mais, en parlant de tes richessas, pouriou essubliar les grands omes qu'as prouduit? La França te déu ses plus celèbres magistràs, ses guerriés les plus distigàs, ai les outours que se vanta lou mai.

Vous citariou, Antonin, Raimound ai vous autres toutes, omes ilustres que vous glorifià de l'aguere par patria. Mere des arts, sape vaincres et produire de tourbadours que chantou tes conquetas. Les plus bèus mounuminches descoron ta cità.

Enfin, que pouriou ajustar lorsqu'an en diche que, si Diéu vouré abitar la terra, sarié tu que chousirié par oustau?

Terra feconda en eros, en tresorche et tout ce que pourié rendre la vita agreabla, nouvel Eden, te salùou!

Paul DUMOND,
élève du collége de Gap.

Traduit en dialecte d'Orpierre (Hautes-Alpes).

A L'OUCITANIA

—

TOUSTE POUSTUME DE FOURTUNÉ PIN

—

Iou te salùou, ò bella Oucitània! terra toujout amà doù Cièl, iou te
salùou! Recebe mes trochs d'oumages.

De quauque las que pouartiou mes nichs, tout retentis de tei louan-
ges. Es pèr tu que lei Roumains eissublierount la fertila Oùsounia;
es pèr lour gaubi que veguères s'erge dinch toun miei una Rouma
nova. Acatamioulàs pèr la douçour de toun climat, les Arabes aban-
dounèrount lour urousa patria.

Qu'esforchs fèrount pas les Cimbres, les Tòtis et lei Gots, et tant
d'autres puples barbares, pèr t'aver!

Clouvis et Charles-Martèu t'en regachà couma lou pu bèu pres de
lour victòrias.

Que diréi de toun resòut? Tei rebiaras baruèlount l'or; pèr nous
autres fas putracia de la turcosia, de l'aubâtre e de peira tailla pu
bella qu'aquella de Paros. Tei bèus pasquiars sount cuberts de touta
mèrça de bestiàri; les pu bellas meissous joùnissount tei regralas.
Infi, toun terror nous prouduch una frucha deliciousa et de vis pu
delicats qu'aquélous de Falerna et de Massica.

Mes, en parlant de tei revingus, pouiriou eissubliar les fortas testas
qu'as prouduchas?

La França te déu ses pu celèbres magistrats, sei guerriars lei mais
distingàs et lei sabinchs que s'en en vanta lou mais.

Voui n'en afourtissou, Tònis et Reimounts et toui vous autres,
omes ilustres que sia glourious de l'aver pèr patria!

Maire des archs, sabes triemfar, abarir et imprinciar de trouba-
dours que chantount tes conquetas.

Les pu bèus mounuments indiminjount tei vilas.

Infi, que pouiriou li 'near betre, boque an dich que, si lou bouan
Diou voulià abitar la terra, serià tu que choùsirià pèr demura?

Terra bouana en eros, en tresorchs, en tout ço que poua rèndre la
via agriable, nouvèu paradis, iou te salùou!

                                                        D. MARTIN.

Traduit en dialecte du bas Champsaur par David Martin, professeur au col-
lége de Gap, originaire du bas Champsaur (Hautes-Alpes).

A L'OCCITANIEO

Te salùoue, ou bello Occitanieo! terro touzours aimà dos Cioux, te salùoue! Reçaupe mes febles oumages.

De cunte coustà que pouòrtou mos ieus, tout retentit de tes louanges. Est pèr tu que los Roumains negligèrouent la fertilo Ausonieo; est pèr lours suins que veguères s'elevar din toun séain une nouvello Roumo. Seduits pèr la douçour de toun climat, los Arabes abandounèrouent lour urouso patrieo. Que d'efouoris ne fairouent pos los Cimbres, los Toutouns, los Goths et tont d'autres peuples barbares pèr te counquerir! Clouvis et Scharles-Martèul t'ant regardà coumo lou plus bèu pris de lours victouaros.

Que diroi-jou de tes proudutiouns? Tos fleuves roulouent de l'or; tu nous proudigues la turquouaso, l'albatre et dou marbre plus beu qu'aquéu dou Poros; tes riches posturages sount cuberts de troupeoux de touto espèço; les plus bellos messouns jaunissouent tes campognes; infin toun territouare nous fournit des fruits delicious et des vins plus esquis qu'aquélous de Falerno et de Mossico schantas pèr Ouraço.

Mais, in parlant de tes richesses, pourrais-jou oubliar los grands omes qu'as prouduits? La Franço te déut séus plus celèbres magistrats, séus guerriers los plus distinguàs, et lous outeurs dount elo se vanto lou plus. T'en attèstou Antounins, Raimounds, et vous tous, omes ilustres, qui vous glourifiès de l'aver pour patrieo! Mèro dos arts, saves vincre et prouduire des troubadours qui chantouent tes counquêtes. Lous plus bèus mounumints decouorouent tes citas. Infin, que pourrais-jou azoutar lorsqu'oun a dit que, si Diou vouriot abitar la terro, sariò tu que chausiriot pèr demouro?

Terro fecoundo in eros, in tresours, in tout ce que pouot raindre la vieo agreablo, nouvéul Eden, te salùoue!

F. BOULARD,
Maitre-répétiteur au collége de Gap.

Traduit en dialecte de Luc-en-Diois (Drôme).

A L'OUCITANIO

Salut à ti, bèllo Oucitanio, tèrro meijournalo, tout-jour ama de Diou. Salut mai !

De qunte las que vire mòus eui, dempertout auvou resclanti tòus louvangei.

Eis per ti que lòus Roumen fougnèran l'Ausounio au sòu tant dru. Eis gramaci a-n-elòus que veguèrei se basti dins co-tiou uno segoundo Roumo.

Enfaya pèr la douçour de toun ciè, lòus Aràbi se destrièran de lour gento patrio.

Lòus Cimbrei mei lòus Teichou, lòus Got e touto la ramalha dòus barbarei, nen faguèran un trafi per te mestreyar ?

Clòuvis e Charle-Martè t'avisèran beniou coumo lou brounchet bèu que bèu de lhours laurié.

Qu'eis que dire de tas prouduciou ? Tòus fluvei barulan d'or.

Beilei a chas pugna la peirilho-turquèso, l'alabastre e de marbre qu'en béuta trepasso lou Paros.

Tòus pasquié erbous soun clafi d'avé de touto merço. Las plus eglayanta missou rejouvissan tòus eichamp.

Embe aco as de tèrras que semondan uno frucho deiliciouso, un vi melhour que lou Falerno et lou Massique chanta pèr Ouraço.

Mès, en questiou de ta richo chavènço, n'eissubliarai pas lòus grands omei qu'as proudus. La Franço te déu sòus magistra de proumié renoum, sòus plu bravei sòudar e lòus escrivairei que s'en glòurifio lou mai.

Siès 'qui pèr provo, Antonins, Raynouard e toutei vous, omenas que siès fièr d'èsse lòus efant dòu Meijour.

Maire dòus bèus-art, sias mestro quand volei e savei abari de Troubadou que chantan tas counquèta. E puei de mounumen que noun saj majestous abelissan chasco cita tiòuno.

Perenfin, qu'ei qu'apoundre poueiriou, quand s'ei di que si Diou voulho demoura eiçaïns sus questo tèrro, ei vas ti, dassura, que chòusirió sa demouranço ?

O caire engermina d'omei valhentas, de tresor e de touto benuranço, courtiou dòu paradis. Tourna mai salut !

(Dialecte moyen-dauphinois de la Drôme)

L. MOUTIER,
Curé-archiprètre.

Marsanne, le 27 avril 1883.

O L'OUCCITANIA

Te saluou, la bella Ouccitania, terra toujous eimàs dou ciel, te saluou ; recèbe meis feibles oumages. De quéntous coustà que pouerte mes ues, tout retentirs de tes louanjas.

Es pèr tu que les Roumans negligerou la fertila Ousania ; es pèr lour suens que tu veguères di tou sens una nouvella Rouma. Seduchs pèr la douçour de tou climat, leis Arabes abandounèren lour urousa patria. Quéntou esfort ne ferou pas les Timbres, les Tutouns, les Goths e tant d'autres peuples barbares, pèr te conquerir. Clouvis et Charle-Martèu t'an regardà couma le plus bèu pris de lour victouara.

Que diren de tes prouductious ? Tes fluves roulave d'or ; tu nous prodigues la turcouasa, l'arbatre et de marbre plus bèu qu'aquéu de Paros ; tes riches paturages soun cubers de troupèus de touta espèça ; la plus bella maissous jounis tes campagnes. Anfin tous territouare nous fournis de fruichs delicious, et de vis plus esquis qu'aquélous de Falerna et de Massica chantàs pèr Ouraçe.

Mes, en parlant de tes richèssas, pourrien eissubliar leis grands omes, que tu as prouduchs ?

La França te déu ses plus celèbres magistrats, ses guerriés les plus distinguàs, et leis outours dcount elle se vante le meis. Vous attèstou, Antounis, Reimounds et vous autres tous, omes ilustres, que vous glourifià de l'aguer pèr patria. Maire deis Arts, tu saves viencre e prouduire les troubadours que chanten tes conquetas. Les plus bèus mounuments descouroun tes citàs. Anfi, que pouriei ajustar, lorsqu'an dich que, si Diou vourrié abitar la terra, serié tu qui chousirié pèr demura ?

Terra feconda en eros, en tresors, en tout ce que poué rendre la vita agreabla, nouvèu Eden, te saluou.

Émile MICHEL,
Élève de première année.
Dialecte de Lus-la-Croix-Haute (Drôme).

A L'OCCITANIA

Te salùou, bella Occitania, terra touzourt amàdóu Cias, te salùou.
Recebe moun maloutru omage. De quauque caire que regarde, pèr tout
entèndou ta louanzâ. Eei pèr tu que lou Roumain meeipriseroun aquéu
bèu païde l'Auzóunia. Eeis élou que te fascroun veeire vès tu una autra
Rouma. Countens de toun bouan èr, lous Arabes laisseroun lour bèu
païe. Lou Cimbres et lou Tutou et lou Gos et encà biann d'àutreei sau-
vàgeei agueroun bèu far, pougueroun pa te gagnà. Clovi, Tcharle-
Martèu t'amavoun meeitch que tou louz àutreei luaes qu'aioun preci.
Que fau que te dise anou de tou proudutch? Tous fleuve tcharreoun
d'ort. Nou baile tan que n'en voulen de turquouaza, d'albatre, de
marbre plu bèu qu'aquéu de Parò. Ta bella praia soun cuberta de
troupèu de toutâ merçâ. Ta campagna eei touta zaouna de mèeissou.
Pèr n'en feni, toun terren fourni la melioura frutcha, et de vi plu
goustou qu'aquéu de Falerna tan qualifia pèr Oraça. Een parlant de
toutou bé, tchoudriat pa cessubla lou groz omes que soun vengu de-
vés tu. Eei tu qu'a beeilà à la França sou millou magistratch, sou
millou soudartch et sou sabèntchdoun parla tant. Et pèr prova, anou,
li at-Antonin, Reimound et toutch aquéilou que se fan onour de surtir
de vee tu. Maire de la musica, fa lou soudartch et lou comediens
que tchantoun ce qu'a gagnà.
Din ta vila se troboun la plus bràva bastissa. Pèr n'en feni, que
pourriau encà dire que, si lou bouan Diou vouliat eeiçavau devalà,
restariat de vee tu. Païe qu'as agu tan d'òmei celèbres, tan de tre-
sortchs et de plasers, nouvèu paradi, te salùou.

Langage de Corps (Isère).

4 janvier 1851.

PELLEGRIN ET MARTIN,
Curés de la Salette et d'Aspres-les-Corps.

A L'OCCITAGNIAT

Salut! salut! Ma Bella Occitagniat, terra tojors bien ama dou Ciez. Salut! Receu mos feblos omajeos. — De quauque couta que je porto mos ieux, tot retonne de te loanges. É pre ti que lo Romains négligiront la fretzil' Ausognia; é pe loui soins que te vis s'élevar dien ton sen ina novella Roma. Amourrachas de tos charmes, de la douceu de ton cié, los Arabes abandoniron lous érousa patria. Quinntos enseus ne firon pas los Cimbros, los Teutons, los Goths et tant d'autros peuplos pe te butziinar! Clouvis et Charles-Martet t'ant estima lo pú bò prix de lou vittoëres.

Que pourrinn-ji dzire de tos produits? Tez aigues roulont de sabla d'or; te nos *cannes pe la téta* de turquoeses, d'albatro, èt de mabros pú bòs que quelos de Paros; toi richos sont tapis de tropèu de tot espeça; les pú belles messonns janneissont tei campagnes; enfinn ton tarritoëro no fourneit de fruta déliciousa, et de vinns plus recharchas que quelos de Falerna ou de Massica que chantava Orace, queu grand chansonier de le zautres feis!

Mais, en parlant de ta richessi, porrinn-ji obleyer los grands omos que t'ais produit? La Franca te dèut so plus diistinguas magistros, so plus bravos guerriers et dez auteux dont y ne se pot trop ventar. Faut-o vo citar, Antoninns, Remonds, èt teus vos qui vos glorifié de la reconaître pe patria. Mèra dous arts, t'ais sepu gagnar de vittoëres et fourni de troubadous pe le chantar. Lo pu bòs mognumints embeleissont te villas. Enfin, que pourrinn-je ajoutar, pusqu'il ant diit: « que si lo Bon Dieu pregné envet d'abitar la Terra, sari vers Tii qu'ou vinndrait demoura. »

— Pe n'en fignir: Terra fretzila en Eros, en tresors, en tot ca que pot rindre agreiabla la via, novet paradis terrestro, receu mos saluts, mon amor.

Dialecte des environs de Grenoble et de la vallée inférieure de l'Isère.

Par un naturel de cette zone.

Le Père BRISSAUD, de la Salette.

A L'OCCITANIA

Té veno salûa, o béle Occitania, paï tojous ama pe le Cié, te veno salûa ! Recéve mon petiot homagi.

De quale coutié que de regardése, tota chosi brame tou loangi. Ié par té que lou Roumin se gausavan de la fertila Ausonía ; iet avoé pe r'éle que ta pouéssu vére se leva dien té ina Roma novéle. Insorcelas pe la douçou de te z'ozes, lous Arabes vouéssure quitta son brave paï.

Quâles ansées que firent té pa lou Cimbriots, lous Toutous, lous Goths, avoué tan d'ôtres gins barbares pe t'avére ! Clovis et Charles Martel avoé te regardavan coma le flûron de la victoire.

De tous frutes que vo je dire ? Tote te z'égue roulont l'or ; te no baille la turquoise, l'albâtre et le marbre avoué, le marbre mé brave que quelou de Paros ; tous pâtis farfassus an de bovi de tot espéci ; lou gran lou meliou te fan de jauni campagni ; pe dire tot, ton so no baille ina fruta déliciosa, et no baille avoé la vinocha que vaut mé quela de Falerne et de Massique canta pe r'Horaci.

Ma, z'en braman te richésse, coma poré je oblida lous grans hômes que te no z'a fa ? La Franci te redéve sou magistrats lou mé renoma, sou guerriés lou mé distingua, sous écrivassous dou quâle éle pou le mé se vanta.

De vo preno pe mou témoins, Antonins, Raymonds et tot ve z'autres avoé, illustres hômes que vo vo vanta de l'avère pe votrou paï ! Màre de lous arts, te sa vincre et baillé de Troubadours que venou canta te conquéte. Lous mé bravis édifice fan béles tous grans villas. Apué tian, que poé je dire de mé, quan quoquun disiet que si bon Dieu voliet habita la Terre, sarit té qui préférariet pe son habitacli ?

Terra féconde pe lou Guerriers, pe lou trésors, pe tot ce qui po fare la vía agriable, Eden novet, te veno salûa !

Traduit en dialecte Nord-Dauphinois de l'Isère

par ALPINUS.

AQUITAINE ET LANGUEDOC

A L'OUCITANIO

De grand cor te salude, o bello Oucitanio!
Encountrado que Diéu de-longo avesiadis,
Te salude!... Umblamen moun amo t'embandis
De sis óumàgi franc l'arderouso armounio!...
Receve-li... Tant liuen que moun iue s'espandis,
S'entènd de ti lausour clanti la letanio!...

Noblo terro, es pèr tu qu'autro-fes li Rouman
Leissèron s'ermassi la fertilo Ausounio...
Veguères dins toun sen, graço à soun engenio,
Uno Roumo nouvello eissaura de si man ;
E l'Aràbi quitè soun urouso patrio
Atriva pèr l'aflat de toun climat charmant.

Quant degaièron pas d'esfors e de furio,
Cimbre, Teutoun, Grè, Goth, tant d'àutri pople, afri
De trespassa ti raro e de te counqueri !...
Clòvis, Carle-Martel, tant ta belesso esbriho,
Vitourious, te tenien pèr lou mai escari
De tóuti li rampau que la glòri coungriho !...

Que dire di proudu de toun sòu espeli?...
Ie caminas pertout de suspreso en suspreso :
Ti riéu rebalon d'or ; proudigues la turqueso,
L'alabastre e de maubre encaro pu-poulit
Qu'aquéli de Paròs ; dóu plan au gres, ti teso
Refounfon de troupèu de tout caire sali...

Li pu bèlli meissoun jaunissoun ti campagno ;
Toun terraire nous baio enfin d'eicelènt fru
E de vin mai esquis, bèn meiour e mai drud
Que tóuti li falerno e tóuti li champagno,
De vin que li lipet n'en fan autant de brut
Que se bevien aquéu di Felibre en coumpagno!

Mai, en charrant ansin de tóuti ti tresor,
Pourriéu-ti delembra la tiero di grands ome
Qu'as vist naisse?... La Franço, óutro si gentilome,
Te déu si magistrat, si guerrié li pu fort...
Me dirés pas de-noun, parai? s'eici vous nome,
Vautre de quau counservo un eterne record,

Vautre, Antounin, Raimoun, e tóuti lis ilustre
Que d'èstre sis enfant vous es grando fierta?
O maire di Bèus-Art, sabes vincre e pourta
De gai troubaire, urous de celebra toun lustre;
Li pu bèu mounumen decoron ti ciéuta...
Vos pas qu'en li vesènt l'Envejo s'escalustre?

Basto! de-que pourriéu apoundre, quand se dis
Que, s'un jour lou bon Diéu davalavo sus terro
Pèr l'abita, sarié tu que, bello premiero,
Causirié pèr demoro!... O terraire, o dous nis,
Riche en tout ço que rènd la vido sèns pariero,
Emé gau te salude, o nouvèu Paradis!...

Louis ROUMIEUX.

Parla de Bèu-caire (Gard).

A L'OUCCITANIO

Te salude, o bello Ouccitanio! terro toujour aimado dóu *Ciel*, te salude!... Reça mis ûmblis oumage! De quante cousta que vire mis iuel, tout restountis de ti *louanjo*. Es pèr *tus* que li *Romèn* leissèroun perequita la fertilo Ausounio; es pèr si *siun* que veguères s'auboura dins toun sen uno nouvello Roume.

Agalavardi pèr la douçou de toun climat, lis Arabe abandounèroun soun urouso patrio. Quàntis esfors faguèroun pas li Cimbre, li Téutoun, li Grè, li Goth e tant d'àutri *puple* barbare pèr te counqueri? Clòvis e Charle-Martel t'an regarda coume lou pu bèu *pris* de si victouèro...

De-que dirai de ti prouducioun? Ti *flure* rebaloun d'or: nous degavaies la turqueso, l'alabastre e de marbre pu poulit qu'aquel de Paròs; ti richi pasturage soun clafi de troupèl de touto meno; li pu bèlli meissoun jaunissoun ti campagno. Enfin, toun terraire nous fournis de fru delicious e de vin meiou qu'aquéli de Falerno e de Massique, canta pèr Ouràci. Mès, en parlant de ti richesso, pourriei-ti óublida li grands ome qu'as espeli? La Franço te dèu si magistrat li pu celèbre, si guerrié li pu destinga e lis *autur* de quau se vanto lou mai. Vous n'en prene à *temouen*, Antounin, Raimoun, e vautre tóutis, ome-*s* illustre, que vous glourifias de l'aguedre pèr patrio!..... *Mèro* di bèus art, sabes venci e coungreia de troubadour que celebroun ti *counquèto*; li pu bèu mounumen decoroun ti ciéuta. Enfin de-que pourriei apoundre, d'abord qu'an di que, se lou bon Diéu voulié abita la terro, es *tus* que causirié pèr demouranço?

Terro fecoundo en eròs, en tresor, en tout ço que pot rendre la vido agradivo, nouvèl Edèn, te salude!...

Parla de Nimes.

Louis ROUMIEUX.

N.-B. — Nous indiquons par des italiques les corruptions usuelles du langage de Nimes.

A L'OUCITANÌA

TOSTE POUSTUMA DE FOURTUNÈ PIN

Te salude, o bella Oucitania, terra toujour aimada dou Ciel ; te salude! recaup mi fibles oumage. De quante cousta que porte mis iuel, tout retentis de ti louanja. Es per tu que li Roumén negligèrou la fertila Ousounia ; es per éli que vegueres s'enaura dins toun sen una nouvella Rouma.

Tenta per la douçou dou climat, lis Araba deslaissèrou soun urousa patria. Quàntis esfort faguèrou pas li Cimbre, li Tutoun, li Goth e tant d'àutri puple barbara, per te counquista! Clovis e Charle-Martel t'an regardada couma lou pe bèu pris de si vitouera.

Que dirai de ti proudu? Ti fluve carrejou d'or; nous proudigues la turcoisa, l'abatre e de marbre pe bèu qu'aquéu de Paros ; ti riche pasturage soun clafi de troupel de touta mena ; li pe bella missoun jaunissou ti campagna ; anfin toun terraire nous fournis de frui delicious e de vin pes esquis qu'aquéli de Falerna e de Massica, canta per Ouraça.

Mè, en parlant de ti richessa, pourriei-ti oublida li grans ome qu'as coungreia? La França te déu si pe celèbre magistrat, si guerrié li pe distinga e lis outur dount es la pe fièra. Vous atèste, Antonins, Reimound e vàutri touti, ome illustre, que vous enourgulissès de l'avé per patria! Mèra dis art, sabes venci e coungreia de pouèta que canton ti counquèta.

Li pe bèu monumèn decorou ti vila. Anfin, de que pourrai mai dire, quand an dit que, se lou bon-Dieu vouliè abita la terra, es tu que causirié per demora.

Terra fertila en eros, en tresor, en tout ce que pot rendre la vida agreabla, nouvel Eden, te salude!

Tradu dins lou dialeta de Russan e dis environ de Nime (Gard) per l'abat

Celestin MALIGNOUN,

de Russan (Gard).

Felibre dis E-peluce.

A L'OSSITANIA

Te salude, o bèla Ossitania, tèrra toujiour aimada dou Cièl, te salude! Reça mi fibles oumage.

De quanti cousta que porte mis iols, tou fai bru de ti louangia. Es pèr tus que li Roumèn negligèrou la fertila Ousonia; es pèr si souèn que vegueres creisse din toun sen una nouvèla Rouma. Atira pèr la douçou de toun clima, lis Araba abandounèrou soun irousa patria. Que d'esfor faguerou pas li Simbre, li Tutoun, li Go, e tan d'autri puple barbare pèr te counqueri! Clovis e Ciarle-Martèl t'an regardada couma lou pu bèu pris de si vitouèra.

De que pode dire de ti prouducioun? Ti fluve caregiou d'or; nou plagnes pa la turcouèsa, l'albatre e de marbre pu bèu qu'aquel de Paros; ti ricie paissage soun couvèr de touta mena de troupel; li pu bela missoun jiaunissou ti campagna; anfin toun terraire nou fournis de frui delicious e de vin bèn pu famous qu'aqueli de Falerna e de Massica que lou poèta Ouraça a canta.

Mè, en parlan de ti riciessa, poudiei oublida li grans ome qu'as vis naisse? La França te deu si pu celebre gouvernaire, si guerrié li pu distinga, e lis escrivèn de quanti se vanta lou mai! Vou prene pèr temouèn Antonin, Reimoun e touti vautris, ome ilustre que vous fasès glouèra de l'agudre per patria. Mèra dis ar, saves vincre e prouduire de troubadou que cantou ti vitouèra. Li pu bèu mounumen émbellissou ti cità. Anfin de que poudiei ajiustà de mai, quan han di que, se Diou vouié abita sus la tèrra, seié tus que cousié per sa demourança.

Tèrra, qu'as proudui tan de grans ome, tan de tresor en tou ce que po rèndre la vida agreabla, nouvèl Edèn, te salude[1]!

Traduit en langage de Vauvert (Gard), par

J. CHAZEL,
Directear de l'École et du cours complémentaire de Vauvert.

[1] La traduction de ce texte a été faite d'après le langage usuel de quelques vieillards. Elle ne tient compte que des lettres prononcées. Les *e* sont tous des *e* fermés brefs. Les *e* ouverts sont surmontés d'un accent grave. Les *u* se prononcent entre l'*u* français et la voyelle *eu*. Dans tous les termes qui ne sont pas monosyllabiques, l'accent tonique est désigné par des caractères italiques. Les voyelles nasales ne donnent qu'un son : « quan » et non « qua-nn », « escrivèn » et non « escrivè-nn. »

A L'OCCITANIA

Te salude, o bela Occitania, terra sempre aimada dau Ciel, te salude! Agrada mous fibles tresports.

De quante coustà que porte mous iels, tout ressountis de tas lausengas! Es per tu que lous Roumans laissèrou en armàs la fertila Ausonia; es per sous souens que veguères s'enaussà dins toun se una autra Rouma. Gagnats per la douçou de toun climat, lous Arabas quitèrou soun urousa patria. Quantes esfors faguèrou pas lous Cimbres, lous Teütouns, lous Goths e tant d'autres poples barbares per te counquesi? Clovis e Carle-Martel t'an regardada couma lou pu bèu pres de sas vitorias.

De que dirai de tas prouduciens ? Tas gas carréjou l'or; nous proudigues la turquesa, l'aubatre e l'autre pu pouli qu'aquel de Paros; tous riches pasturgages sout coubèrs de troupels de touta mena; las pu poulidas espigas jaunissou tas campagnas; enfin toun terraire nous fournis una frucha deliciousa e de vis mihous que lous de Falerna e de Massica, cantats per Horaça.

Mai, en parlant de tas richessas, pourriei-ti delembra lous grans homes qu'as proudu? La França te deu sous pu celèbres magistres, sous gueriés lous pu famous e lous escrivans qu'estima lou mai. Vous prène per prova, Antounins, Raimouns, e vautres toutes, omes illustres que sès fiers de l'avedre per patria! Maire das arts, saves venci e fa naisse de troubaires que cantou tas counquistas. Lous pu bèus mounuments parou tas vilas. Enfin, de que pourriei mai dire après aiço que, se Dieu venié restà sus la terra, sarié tu que causirié per demourancia!

Terra fecounda en homes famous, en tresors, en tout ça que pot rendre la vida bella, nouvel Eden, te salude!

Virà dins lou parlà de Sant-Jan-de-Serra (Gard) per

Marius DUMAS.

A L'OUCITANIO

—

(BRINDE POUSTUME DE FOURTUNAT FIN)

—

Te salude, o bello Oucitanio, terro que lou Cièl a toujour aimado, te salude! Reçap mous fibles oumages.

De quinte cousta que tragne mous ièls, tout restountis de tas lausengos. Es per tus que lous Roumans laissèrou la drujo Ausounio, es gramecis à lus siuens que veguères s'aleva dins toun sen uno nouvello Roumo. Atirats per la douçou de toun climat, lous Arabes abandounèrou lus urouso patrio. Quintes esfors faguèrou pas lous Cimbres, lous Téutouns, lous Gots e tant d'autres poples barbares per te counqueri! Clòvis e Charle-Martèl t'an estimado coumo lou pres lou pu bèu de lus victòrios.

Dequé dirai de tas prounduciéus? Tous fluves rùnlou l'or; nous alargues la turqueso, l'albastre e de marbre mai bèu que lou de Parôs; tous riches pasturgaus soun clafits de troupèls de toutos las menos; las meissous las pu poulidos jaunéjou dins tas campagnos; enfin toun terraire nous fournis uno frucho delicïouso e de vins mai bons qu'aqueles de Falèrno e de Massico, cantats per Ouraço.

Mès, en parlant de tas richessos, poudriéi-ti òublida lous grands omes qu'as espeli? La Franço te déu sous pu celèbres magistrats, sous guerriès lous mai marcants, e lous escrivans de quintes se vanto lou mai. Venès atesta, Antounins, Raimouns, e vautres toutes, omes ilustres, que tiras glòrio de l'avedre per patrio! Maire das Arts, saves vincre e prouduire de troubadours que càntou tas counquistos. Lous pu bèus mounumens decòrou tas ciéntats. Enfin, dequé poudriéi-ti ajusta, quand on a di que, se Diéu voulié abita la terro, es encò de tus que vendriè resta?

Terro fegoundo en eròs, en tresors, en tout ce que pot faire gau dins la vido, nouvèl Eden, te salude!

Traduit en dialecte raiol (Alais) par

A. ARNAVIELLE.

NOTA. — Tout en conservant la noblesse de ton que comporte le sujet de ce morcèau, le traducteur a employé, autant que possible, les expressions populaires du dialecte raiol.

A L'OUCITANIA

BRINDE REVIRA DAU FRANCÉS DE FLOURIAN E DE FOURTUNA PIN

Te salude, ô bèla Oucitania, countrada toujour aimada de Dieu, te salude ! Reçà mous mingres aumages.

De quante coustà que me vire, tou ressountis de tas lauzanjas. Es per tus que lous Roumans negligèrou la fertinla Ausounia ; es per sous *souèns* que veguères s'aubourà en tus una Rouma nouvèla. Sedus per la douçou de toun climà, lous *Arabas* abandounèrou soun urousa patrìa. Quantes esforses faguèrou pa lous Cimbres, lous Tutoun, lous Gos e tan d'autres poples *barbaras* per te counquèrì ! Clouvis e Charle-Martèl t'an aregardà[1] couma lou pu bèu pres de sas vitorias.

De que dirai de tas prouducioun ? Tous *fluves* rebalou l'or ; nou proudigues la *turquouèsa*, l'aubatre e de maubre pu bèu que lou de Paros ; tous riches pàtus soun couvèr de troupel de touta mena ; las pus bèlas bladaiès jaunissou tous plan ; enfin toun terraire nou fournis de fruchan deliciouses, e de vin mai esquises que lous de Falerna e de Massica, cantàs per *Ouraça*.

Mais, en *parlen*[2] de tas richessas, pourrai-ti oublidà lous grans omes que tus as proudu ? La França te dèu sous pu celebres magistràs, sous guerriès lous mai destingàs, e lous autous qu'ela s'en fai lou mai gloria. Gardà-me de mentì, Antounin, Raimoun, e toutes vautres, omes de renoum, que vou 'n'cresès de l'agudre per patria ! Maire das Ar, saves avenci e proudure de troubaires que cantou tas counquistas ; lous pu bèu mounumen oundrou tas cieutàs. Enfin, de que poudièi ajustà, quand s'es di que, se Dieu vouiè abità la terra, saiè tus que causiiè per demourança !

Terra fecounda en eros, en tresor, en tou ce que po rendre la vida agradiousa, nouvel paradis, ieu te salude[3] !

Tradu en parlà populari de Lansargue per

A. LANGLADA.

---

[1] Très-peu de personnes diraient *t'an arregardada*.

[2] Beaucoup de personnes disent encore *parlan*.

[3] Les mots imprimés en italiques sont des formes gallicisées. Nous avons, d'autre part, supprimé toutes les lettres que la prononciation ne fait pas sentir.